中国地质调查成果 CGS 2016-032

资助项目
长江中游城市群地质环境调查与区划（12120115044101）
长江中游城市群地质环境综合调查（1212011140035）
长江中游城市群咸宁–岳阳和南昌–怀化段高铁沿线1：5万环境地质调查（DD20160248）

长江中游城市群国土资源与环境地质图集

THE GEO-ENVIRONMENT ATLAS OF THE CITY GROUP OF THE MIDDLE YANGTZE RIVER

中国地质调查局 编著

内 容 提 要

为服务于长江中游地区经济社会发展，长期以来，国土资源部中国地质调查局在长江中游城市群积极开展国土资源与环境地质的调查评价，部署实施了多项地质调查项目，系统获取了土地、矿产、能源、地下水、环境、灾害防治等方面的调查研究成果。为了进一步促进地质调查成果的转化应用，更好地支撑服务长江中游城市群协同发展，国土资源部中国地质调查局组织有关单位，对已有的数百份地质调查成果资料进行了综合分析和系统总结，编制了《长江中游城市群国土资源与环境地质图集》。本图集包括长江中游城市群区域地质条件、重大环境地质问题现状和地质建议等图件28张，分别从城镇与基础设施规划、城镇化发展规划布局、耕地保护和土地质量管理、国土开发与生态环境保护4个方面提出了建议，以期为长江中游城市群的区域协调发展和生态文明建设提供基础信息和重要依据。

图书在版编目（CIP）数据

长江中游城市群国土资源与环境地质图集/中国地质调查局 编著. —
武汉：中国地质大学出版社，2017.3
ISBN 978-7-5625-3905-6

Ⅰ.①长…
Ⅱ.①中…
Ⅲ.①长江—中游—城市群—国土资源—资源管理—图集
②长江—中游—城市群—环境地质学—地质图—图集
Ⅳ.①F129.95-64 ②X141-64

中国版本图书馆CIP数据核字（2017）第044104号
审图号：GS（2017）412号

长江中游城市群国土资源与环境地质图集		**中国地质调查局 编著**
责任编辑：胡珞兰　　　选题策划：张晓红		责任校对：张咏梅
出版发行：中国地质大学出版社（武汉市洪山区鲁磨路388号）		邮政编码：430074
电　　话：（027）67883511　　传　　真：67883580		Email:cbb @ cug.edu.cn
经　　销：全国新华书店		http://www.cugp.cug.edu.cn
开本：880毫米×1230毫米 1/8		字数：175千字　印张：5.5
版次：2017年3月第1版		印次：2017年3月第1次印刷
印刷：中煤地西安地图制印有限公司		印数：1—500册
ISBN 978-7-5625-3905-6		定价：128.00元

如有印装质量问题请与印刷厂联系调换

《长江中游城市群国土资源与环境地质图集》

编辑委员会

编纂指导委员会

主　　任：文冬光
副 主 任：郝爱兵　苗培森　邢光福　胡茂炎　朱　群　张茂省　郑万模
委　　员：（按姓氏笔画排序）
　　　　　马　震　苗培森　冯小铭　朱　桦　刘长礼　孙晓明　陈立德
　　　　　李明辉　林良俊　周爱国　金维群　姜　义　姜月华　胡秋韵
　　　　　赵海卿　黄长生　葛伟亚　黎清华

执行编辑委员会

主　　编：陈立德
副 主 编：林良俊　肖尚德　徐定芳　颜　春　魏　源　谈江南　邵长生
编　　写：（按姓氏笔画排序）
　　　　　杨永革　杨　曼　杨艳林　邹安权　范　毅　程　刚
制　　图：（按姓氏笔画排序）
　　　　　王玉珏　王　岑　韦　东　付检根　刘学玺　刘前进　何　阳
　　　　　宋　渊　李　琦　汪　凡　李　静　肖　婵　杨永革　杨　曼
　　　　　杨艳林　范　毅　张　傲　封林波　赵毅斌　黄永泉　黄建英
　　　　　程　刚　彭进生　遇晓东　路　韬　樊曾影　潘　峰

地图设计：张　魏
地图制版：黄安颖　江　波　马君睿　吕　艳

前　言

　　长江中游城市群是以武汉城市圈、环长株潭城市群、环鄱阳湖生态经济区为主体形成的特大型城市群，规划范围包括湖北省武汉市、黄石市、鄂州市、黄冈市、孝感市、咸宁市、仙桃市、潜江市、天门市、襄阳市、宜昌市、荆州市、荆门市，湖南省长沙市、株洲市、湘潭市、岳阳市、益阳市、常德市、衡阳市、娄底市，江西省南昌市、九江市、景德镇市、鹰潭市、新余市、宜春市、萍乡市、上饶市及抚州市、吉安市的部分县（区）。国土面积约$31.7×10^4 km^2$，2014年实现地区生产总值6万亿元，年末总人口1.21亿人，分别约占全国的3.3%、8.8%、8.8%。长江中游城市群承东启西、连接南北，是中部最大的城市群，是我国区位条件优越、交通发达、产业具有相当基础、科技教育资源丰富的城市群之一，是长江经济带的重要组成部分，也是实施促进"中部崛起"战略、全方位深化改革开放和推进新型城镇化的重点区域，在我国区域发展格局中占有重要地位，是我国经济均衡发展、区域和谐发展不可或缺的重要力量。

　　长江中游城市群资源环境优势明显，承载力良好，发展空间和潜力大。水资源丰富，取水便捷；地热资源量较大，可以广泛应用；矿产资源品种多，部分矿产存量大，适宜多种工业经济和采矿业、冶炼业的发展；土地资源多样性特征显著；地质遗迹资源景观多，开发利用程度较高；湿地资源丰富。

　　长江中游城市群地质环境虽然存在明显的优越性，但其脆弱性也不可忽视。区内滑坡、泥石流地质灾害点多面广、危害严重，不良土体的发育、岩溶塌陷局部发育、湖泊生态退化，活动断裂较发育，局部地壳稳定性差。随着经济的高速发展、工业化进程的加快及矿产资源大量开发，水土污染日趋明显。

　　为服务于长江中游地区经济社会发展，长期以来，国土资源部中国地质调查局在长江中游城市群积极开展国土资源与环境的调查评价，部署实施了多项地质调查项目，系统获取了土地、矿产、能源、地下水、环境、灾害防治等方面的调查研究成果。为进一步促进地质调查成果的转化应用，更好地支撑服务长江中游城市群协同发展，国土资源部中国地质调查局组织有关单位，对已有的数百份地质调查成果资料进行了综合分析和系统总结，编制了《长江中游城市群国土资源与环境地质图集》，从城镇与基础设施规划、城镇化发展规划布局、耕地保护和土地质量管理、国土开发与生态环境保护、长江中游城市群资源环境承载力5个方面提出了建议，以期为长江中游城市群的区域协调发展和生态文明建设提供基础信息及重要依据。

中国地质调查局武汉地质调查中心
2016年10月

目 录

1 城镇与基础设施规划需要关注的重大地质问题 ··· 1
  1.1 长江中游城市群城镇与重要基础设施规划建设地质适宜性建议图 ············· 2
  1.2 长江中游城市群沪汉蓉沿江高铁武汉-兴山段地学建议图 ························· 3
  1.3 长江中游城市群地质灾害分布及易发程度分区图 ·································· 4
  1.4 长江中游城市群矿山地质问题分布图 ··· 5
  1.5 长江中游城市群岩溶地面塌陷分布图 ··· 6
  1.6 长江中游城市群活动断裂及地震分布图 ·· 7
  1.7 长江中游城市群长江沿岸地质问题分布图 ··· 8
  1.8 武汉市地下空间开发利用条件图 ·· 9
  1.9 武汉市岩溶条带分布图 ·· 10

2 城镇化发展规划布局需要考虑的资源潜力 ··· 11
  2.1 长江中游城市群水系图 ·· 12
  2.2 长江中游城市群重要水源地生态保护区分布图 ····································· 13
  2.3 长江中游城市群应急供水地下水水源地分布图 ····································· 14
  2.4 长江中游城市群矿产资源分布图 ·· 15
  2.5 长江中游城市群地热资源分布图 ·· 16

3 耕地保护和管理需要重视的土地质量地球化学背景 ································ 17
  3.1 长江中游城市群耕地地球化学综合分等图 ·· 18
  3.2 长江中游城市群平原区可利用富硒土壤资源分布图 ······························· 19
  3.3 长江中游城市群平原区土壤肥力地球化学分等图 ·································· 20
  3.4 长江中游城市群土壤质量地球化学综合等级图 ····································· 21
  3.5 长江中游城市群平原区土壤酸碱度分区图 ·· 22
  3.6 长江中游城市群土壤类型分区图 ·· 23
  3.7 长江中游城市群遥感影像图 ··· 24

4 国土开发与生态环境保护需要重视的资源环境状况 ································ 25
  4.1 长江中游城市群生态安全保护战略格局示意图 ····································· 26
  4.2 长江中游城市群生态环境保护区分布图 ··· 27
  4.3 长江中游城市群湖泊湿地修复保护建议图 ·· 28
  4.4 长江中游城市群重要湖泊湿地演化图 ··· 29
  4.5 长江中游城市群平原区浅层地下水污染状况图 ····································· 30
  4.6 长江中游城市群平原浅层地下水三氮污染状况图 ································· 31
  4.7 长江中游城市群平原浅层地下水重金属污染状况图 ······························ 32

5 长江中游城市群资源环境综合地质调查报告 ··· 33

后记 ··· 38

地理底图图例

1 城镇与基础设施规划需要关注的重大地质问题

长江中游城市群国土资源与环境地质图集

长江中游城市群城镇与重要基础设施规划建设地质适宜性建议图

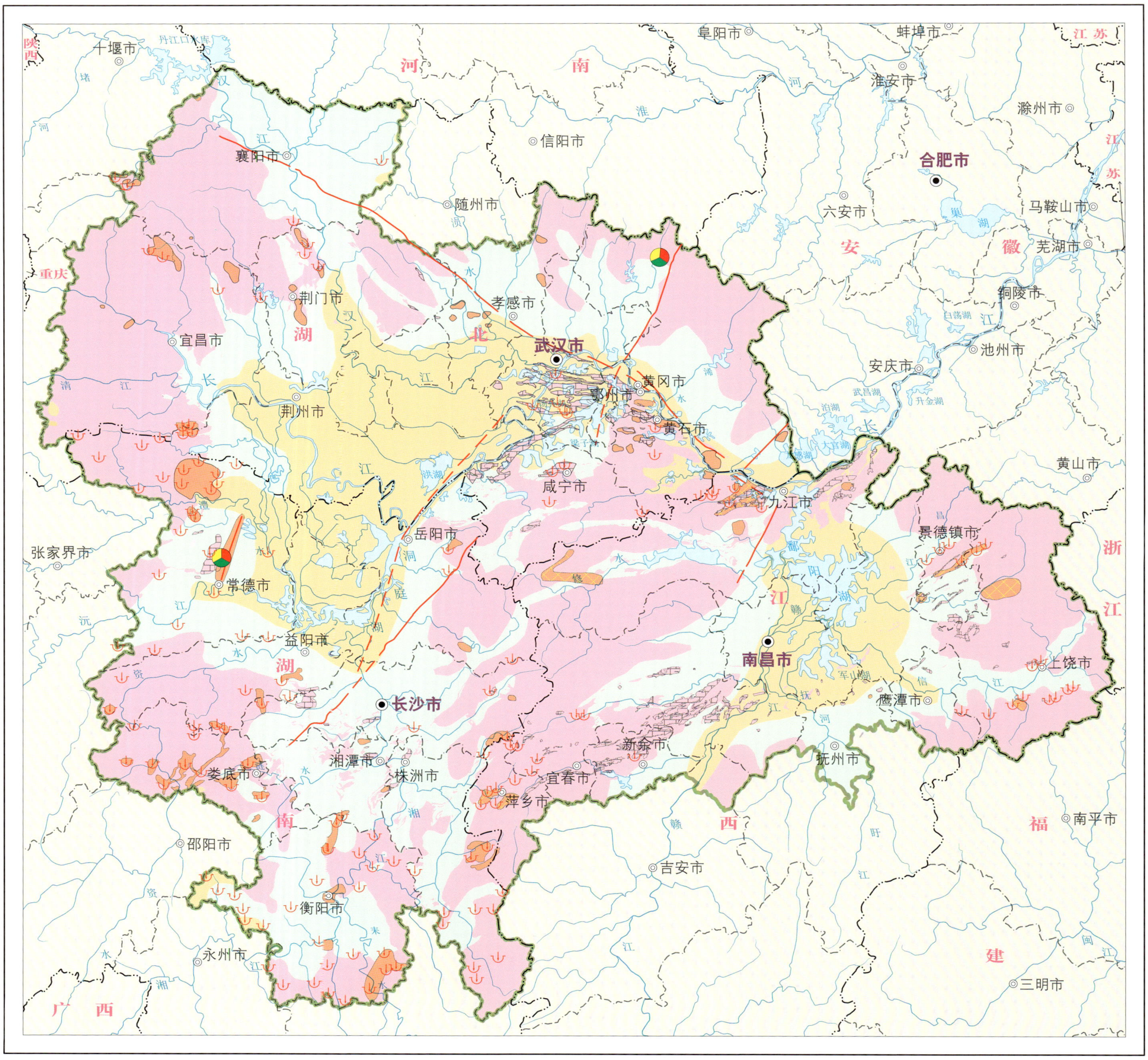

资料截至日期：2015年12月
资料来源：武汉地质调查中心
编　　图：陈立德　邵长生　路韬

1 : 3 500 000

一、不适宜区
- 地震活跃及活动断裂发育区
- 矿山地质环境问题影响严重区

二、适宜性较差区
- 崩塌滑坡泥石流易发区
- 岩溶塌陷高易发区

三、应采取防控措施区
- 低平原，易沉降区

四、适宜区
- 适宜规划区

五、其他
- 地面塌陷
- 6级及以上地震点
- 主要断裂

从地质安全方面考虑，长江中游城市群城镇与重要基础设施建设用地的适宜性可以分为4类。第一类是不适宜区，主要分布于发生过5级以上地震危险的主要活动断裂两侧和采空地面塌陷区；第二类是适宜性较差区，主要分布于滑坡、泥石流高易发区和岩溶地面塌陷高易发区；第三类是应采取防治措施区，主要分布于低平原区，区内软土、液化砂土普遍发育，可以作为城镇与重要基础设施规划建设区，但需要采取措施控制地面沉降；第四类是适宜区，为目前尚未发现重大地质问题的地区。

长江中游城市群沪汉蓉沿江高铁武汉-兴山段地学建议图

资料截至日期：2015年12月
资料来源：武汉地质调查中心收集
编　　图：陈立德　邵长生

1:3 500 000

该建议线路应尽可能有效避开岩溶塌陷、软土、液化砂土等地质灾害高发区，尽可能减少环境工程地质问题发生的可能性与安全隐患，有利于高铁线路的建设、管理和运营。

长江中游城市群地质灾害分布及易发程度分区图

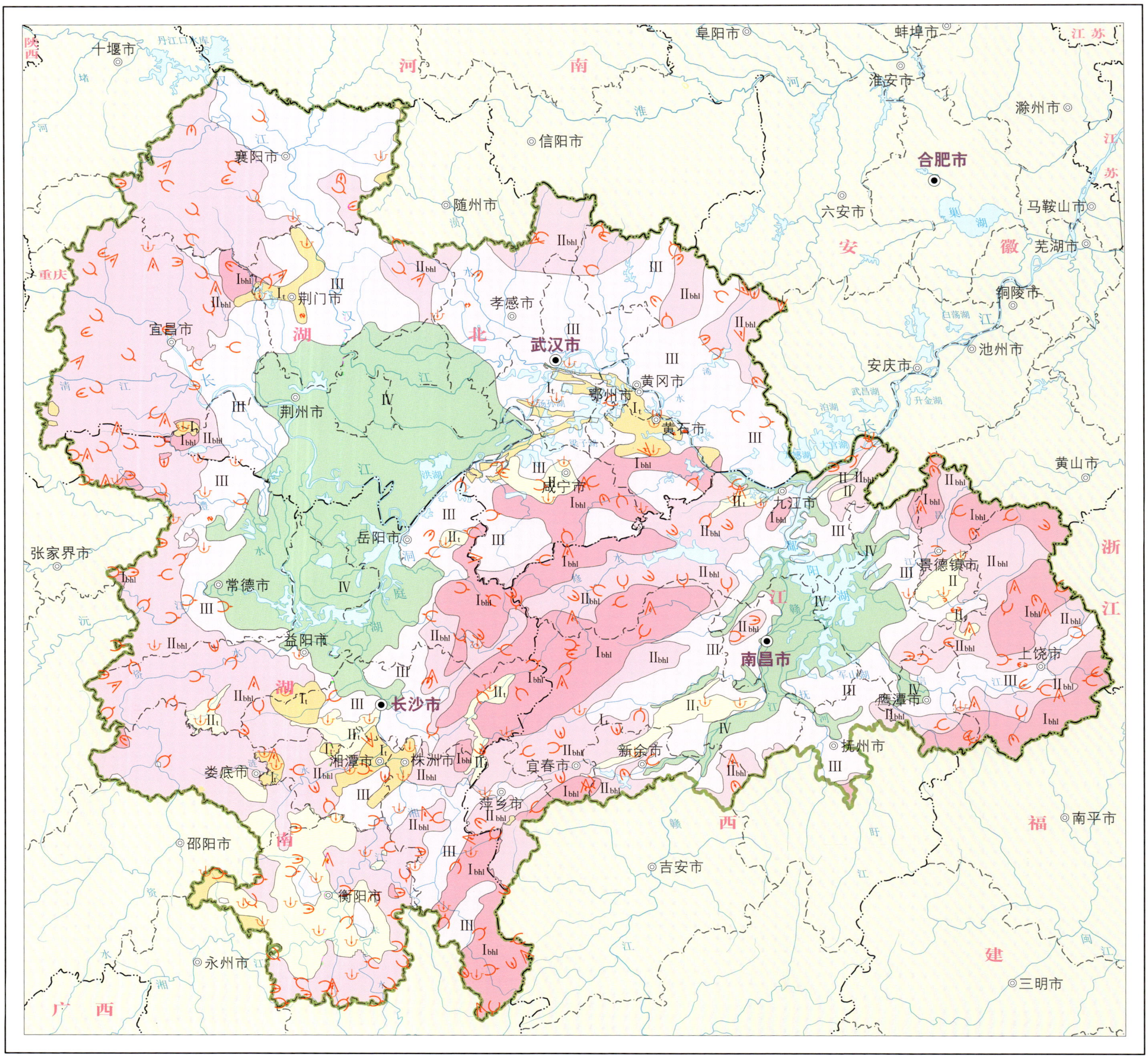

资料截至日期：2015年12月
资料来源：中国地质环境监测院
编　图：杨旭东　曲雪妍　房　浩　尹春荣

1 : 3 500 000

一、突发性地质灾害易发分区
- 崩塌、滑坡、泥石流高易发区
- 崩塌、滑坡、泥石流中易发区
- 崩塌、滑坡、泥石流低易发区

二、地面塌陷易发分区
- 地面塌陷为主高易发区
- 地面塌陷为主中易发区

三、地质灾害不易发区
- 地质灾害不易发区

四、地质灾害点
- 崩塌
- 滑坡
- 泥石流
- 地面塌陷
- 地面沉降

五、其他
- 易发分区界线

区内地质灾害点总数8 791处，其中滑坡1 919处、崩塌2 819处、泥石流2 303条、塌陷1 750处，规模以中小型为主。滑坡、崩塌、泥石流地质灾害高易发区主要分布在中低山区，面积2.98×10⁴km²，聚集了全区45%以上的滑坡泥石流灾害。地面塌陷高易发区主要分布在强岩溶发育区，面积0.59×10⁴km²，以岩溶塌陷为主，采空塌陷次之。滑坡、泥石流地质灾害中易发区主要分布在低山和丘陵区，面积5.04×10⁴km²。岩溶塌陷中易发区主要分布在湖北的咸宁—赤壁、湖南的韶山—长沙岳麓山、浏阳，江西的新余—高安等地，面积约0.61×10⁴km²。地质灾害低易发区主要分布在江汉-洞庭、鄱阳湖平原周边低山和丘陵区，以及湖南东部的醴（陵）-攸（县）、茶陵红层盆地，面积8.3×10⁴km²，地质灾害约占全省的11%。突变型地质灾害不易发区主要分布于广大平原区，面积4.59×10⁴km²。

长江中游城市群矿山地质问题分布图

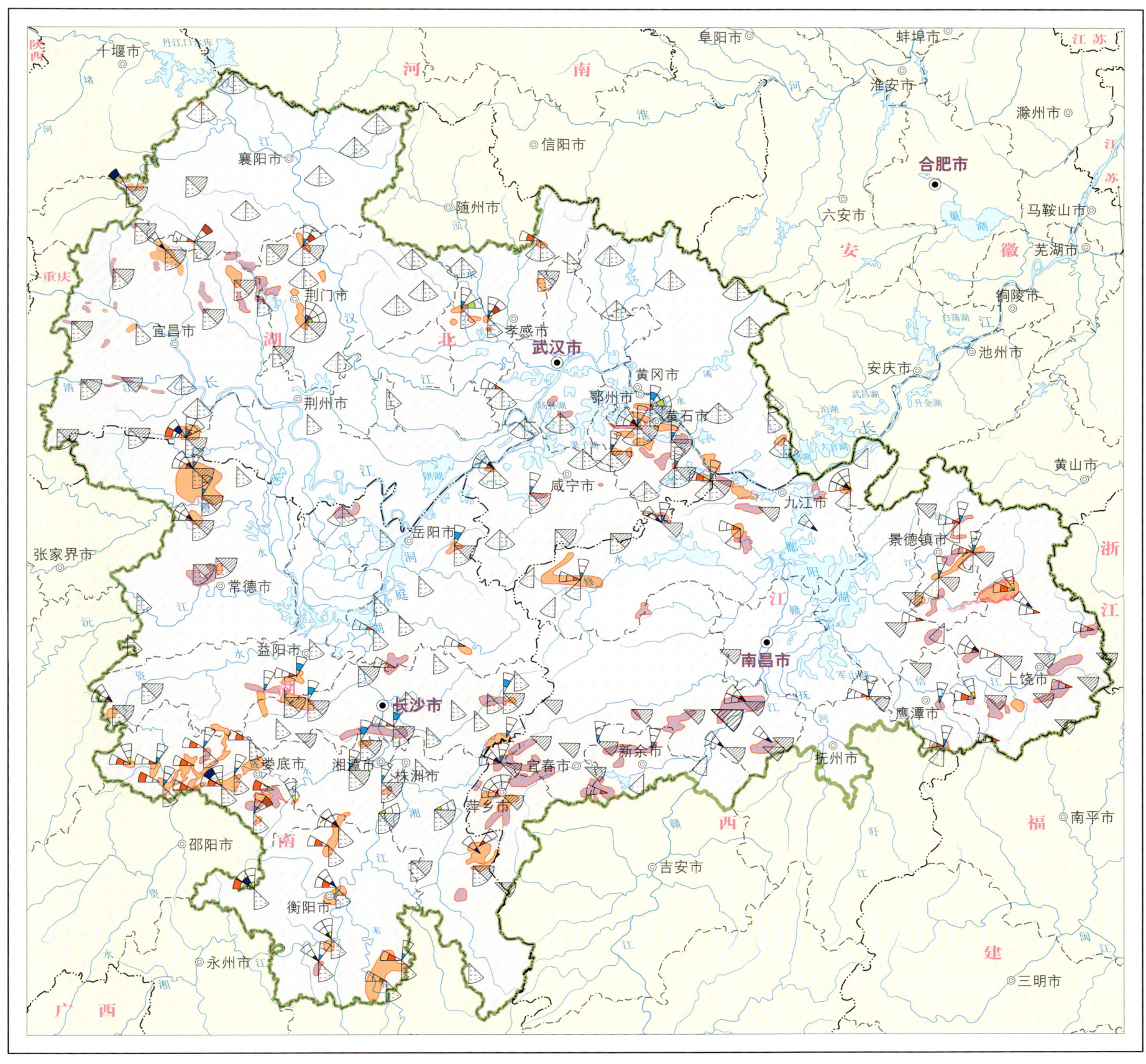

资料截至日期：2015年12月
资料来源：中国地质环境监测院
编　　图：张志鹏　张德强　张进德

1 : 3 500 000

一、矿山地质环境问题

二、矿山地质环境综合评估分区
- 矿山地质环境影响评估界线
- 矿山地质环境影响严重区
- 矿山地质环境影响较严重区

（1）该区主要矿山地质环境问题：全区共有矿山地质灾害320处，其中滑坡126处、崩塌43处、泥石流21条、塌陷108处、地裂缝10处、地面沉降12处。导致矿山地质灾害最多的主要是煤矿采空、抽排地下水；其次为建筑材料及有色金属、贵金属矿山开采区。

（2）矿山地质环境综合评估分区：①矿山地质环境影响严重区。矿山地质环境影响严重区56处，影响面积5 000km²，主要分布于湖北远安、荆门等地磷矿区，应城石膏矿区，黄石-大冶铁矿区；湖南澧县、宁乡、湘潭、醴陵等大中型煤矿区；江西萍乡-上栗煤矿区及东部景德镇、德兴市等一些矿山。②矿山地质环境影响较严重区。矿山地质环境影响严重区65处，影响面积5 355km²，主要分布在赣西南及上饶等地的金属矿区、非金属矿区和一些小型煤矿区。

长江中游城市群岩溶地面塌陷分布图

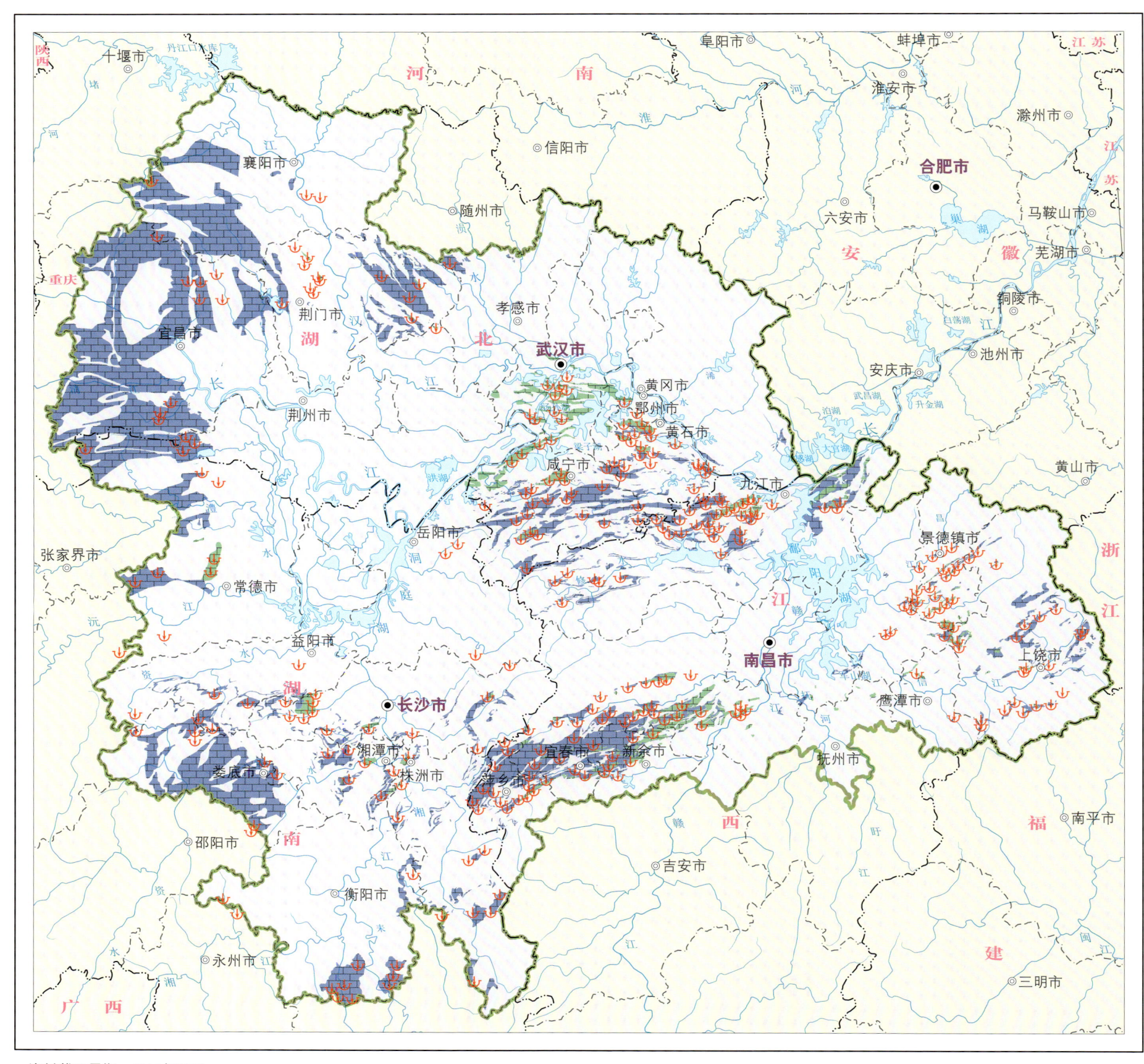

资料截至日期：2015年12月
资料来源：武汉地质调查中心
　　　　　湖北省地质环境总站
　　　　　湖南省地质调查院
　　　　　江西省地质调查院
编　　图：邵长生　杨涛　尹欧　杨永革　谈江南

1：3 500 000

图例：
- 地面塌陷
- 覆盖型岩溶分布区
- 裸露型溶岩分布区

岩溶塌陷主要集中分布于湖北武汉市武昌—江夏、咸宁—赤壁、鄂州—黄石—大冶；湖南宁乡的煤炭坝、益阳的岳家桥、韶山—湘潭；江西的萍乡-乐平凹陷带和瑞昌—彭泽等人类工程活动强烈的地区。岩溶塌陷灾害多位于覆盖型可溶岩区，覆盖层厚度较小且基岩岩溶发育强烈地段多发，具有突发性和继发性，多发于每年地下水位波动较大的汛期和干旱时期。截至2013年，区内共发生岩溶塌陷450余处，岩溶塌坑1500多个。

覆盖型岩溶区主要分布在湖北武汉市—鄂州市、江夏区—嘉鱼县、咸宁城区，江西的瑞昌、高安—新余，湖南常德鼎城、宁乡的煤炭坝、湘潭市雨湖区以及株洲市龙头铺等地。区内地貌以冲积平原、岗地、山间河谷平原及山间谷地为主。裸露型可溶岩主要分布在低山、丘陵区。浅部岩溶发育强烈。

长江中游城市群活动断裂及地震分布图

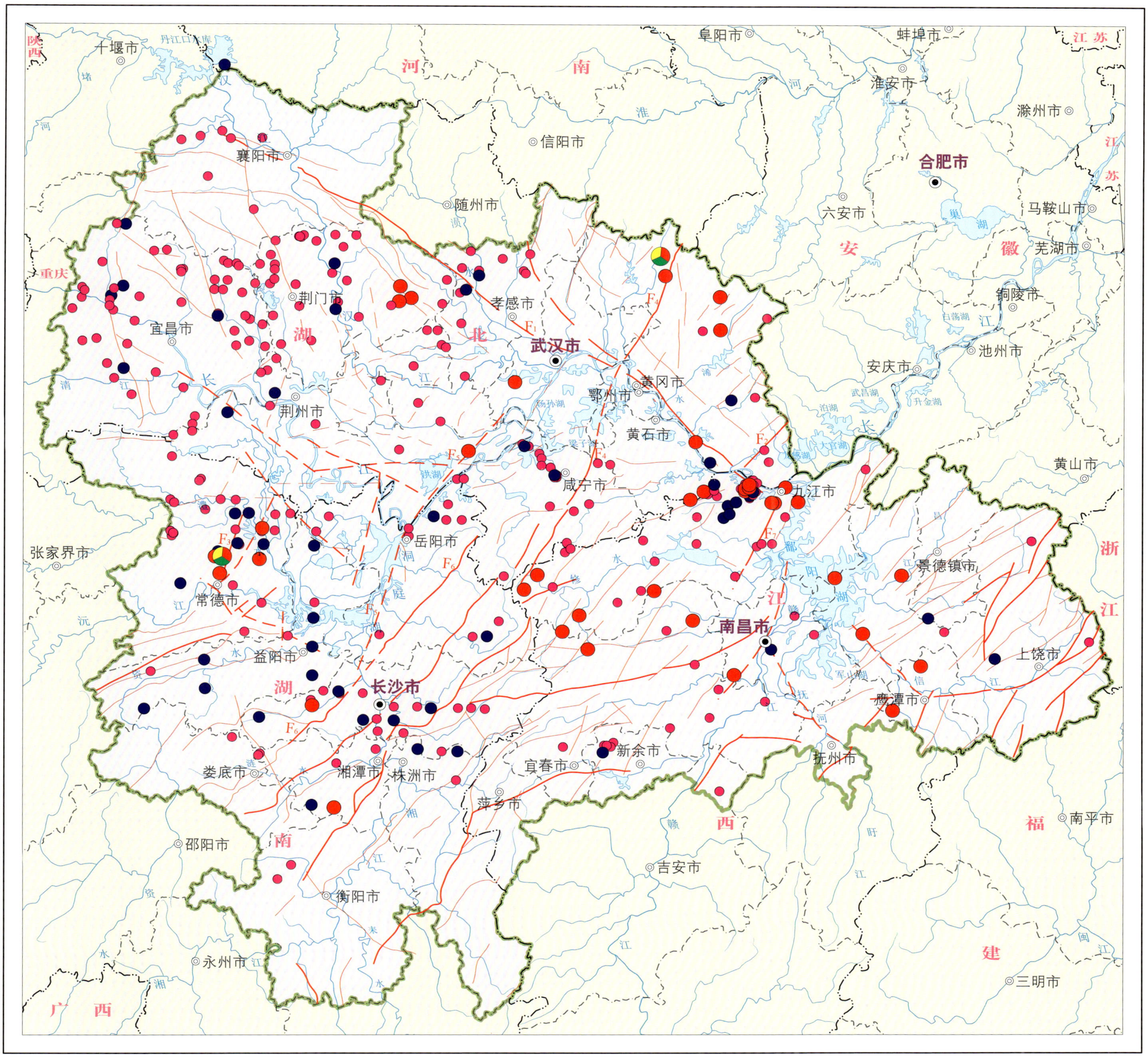

资料截至日期：2015年12月
资料来源：武汉地质调查中心收集
编　　图：陈州丰　齐信　邵长生

1 : 3 500 000  0　35　70　105　140 km

长江中游地区活动断裂

- 震级6.0~6.9
- 震级5.0~5.9
- 震级4.0~4.9
- 震级3.0~3.9
- 活动断裂
- 主要断裂
- 一般断裂
- 隐伏断裂

F_1　襄樊-广济断裂带
F_2　郯城-庐江断裂
F_3　太阳山断裂
F_4　麻城-团风断裂
F_5　沙湖-湘阴断裂
F_6　公田-宁乡断裂
F_7　九江-德安断裂

（1）活动断裂分布特征：北西向襄樊-广济断裂带及北北东向郯城-庐江断裂带是区内一级大地构造分区界线。其他活动断裂还有北北东至北东向沙湖湘阴断裂（F_5）、北东向公田-宁乡断裂（F_6）、北东向九江-德安断裂（F_7）等，这些断裂带长期以来弱震活跃。

（2）地震分布特征：该区属长江中下游地震弱活动带，1970年以来该区共发生Ms≥3.0级的地震421次，其中3~3.9级地震301次，4~4.9级地震77次，5.0级以上地震39次，其中5.7级以上重大破坏性地震4次。地震分布与北北东向和北西向断裂有关，尤其中强破坏性地震与区内主要断裂关系密切。

长江中游城市群长江沿岸地质问题分布图

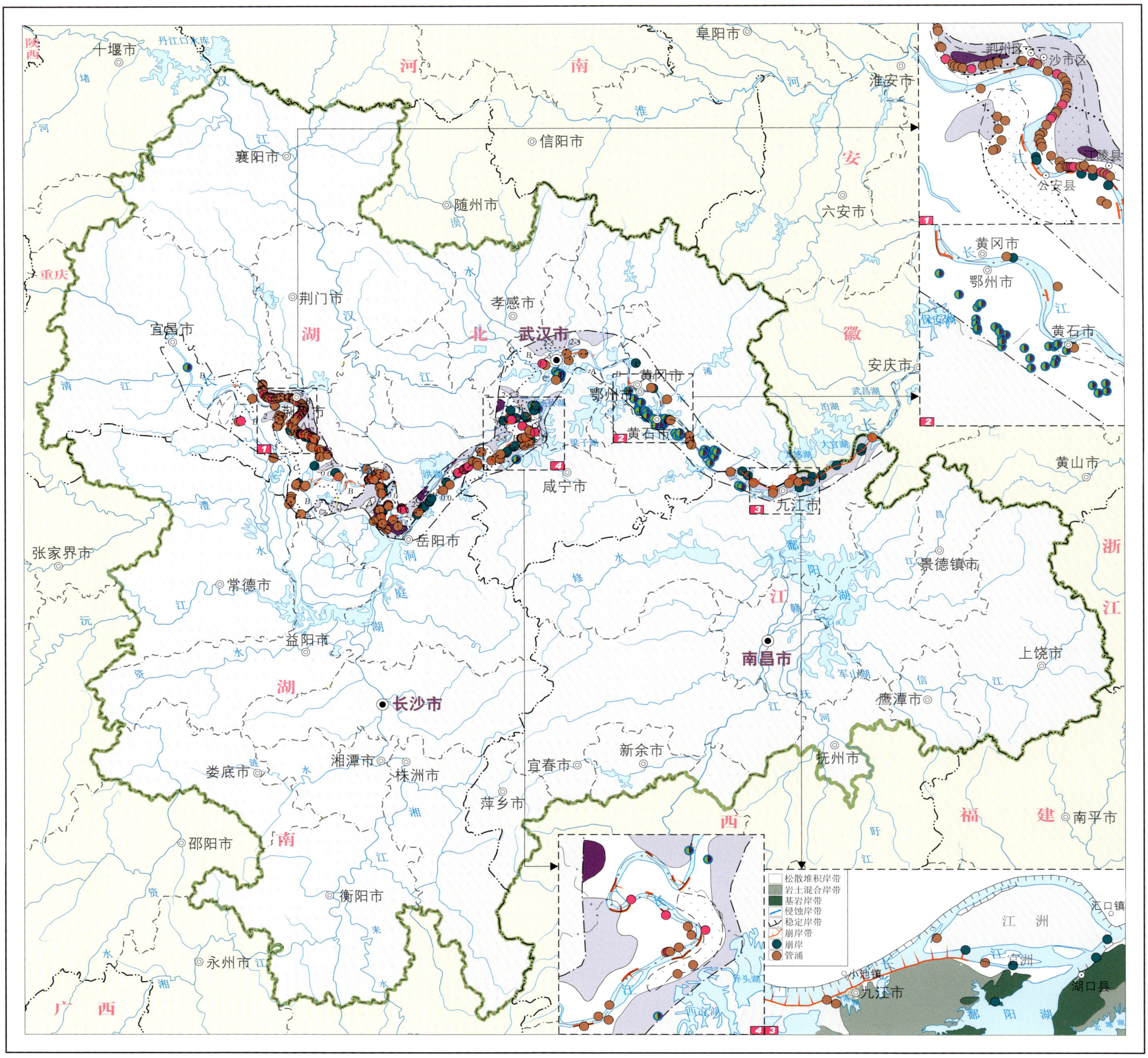

资料截至日期：2015年12月
资料来源：湖北省水文地质工程地质大队
　　　　　湖南地调院
　　　　　江西省地质环境总站
编　　图：路天平　赵德君　宁国民　徐定芳　尧志

1 : 3 500 000

一、软土影响程度分区
- 淤泥及淤泥质软土分布范围线
- 软土影响轻微区
- 软土影响中等区
- 软土影响严重区

二、主要环境地质问题与灾害
- 管涌
- 管涌群
- 崩岸
- 地面塌陷
- 崩岸带
- 砂土液化影响范围

（1）管涌：主要分布在长江北岸荆江大堤、洪湖监利长江干堤和九江长江大堤。共涉及上荆江与下荆江、岳阳、九江等23个县（市、区），其中江陵县41处、监利县27处、荆州区25处、洪湖市23处、沙市区12处。

（2）崩岸：湖北段主要集中在荆州区、沙市区、江陵县、石首市、监利市、洪湖市等县市区，荆江段是岸崩的主要地段。

（3）地面塌陷：长江沿岸范围内共发生地面塌陷251处，以岩溶地面塌陷为主，主要分布于咸宁—武汉—黄石地区，约169处；江西塌陷规模一般较小，多由地下水超采引发，主要分布于瑞昌市沿江岩溶向斜盆地内。

（4）软土：多分布于江汉平原长江沿岸湖沼区，包括荆州区、公安县、洪湖市、华容县、岳阳县，面积约431km²，影响程度一般或轻微。

（5）液化砂土：在长江干堤两侧普遍存在，主要呈条带状分布于枝江—荆州—江陵—监利一线、长江四口分流地段及洞庭湖入长江地段，以荆江大堤沿线分布最广。

武汉市地下空间开发利用条件图

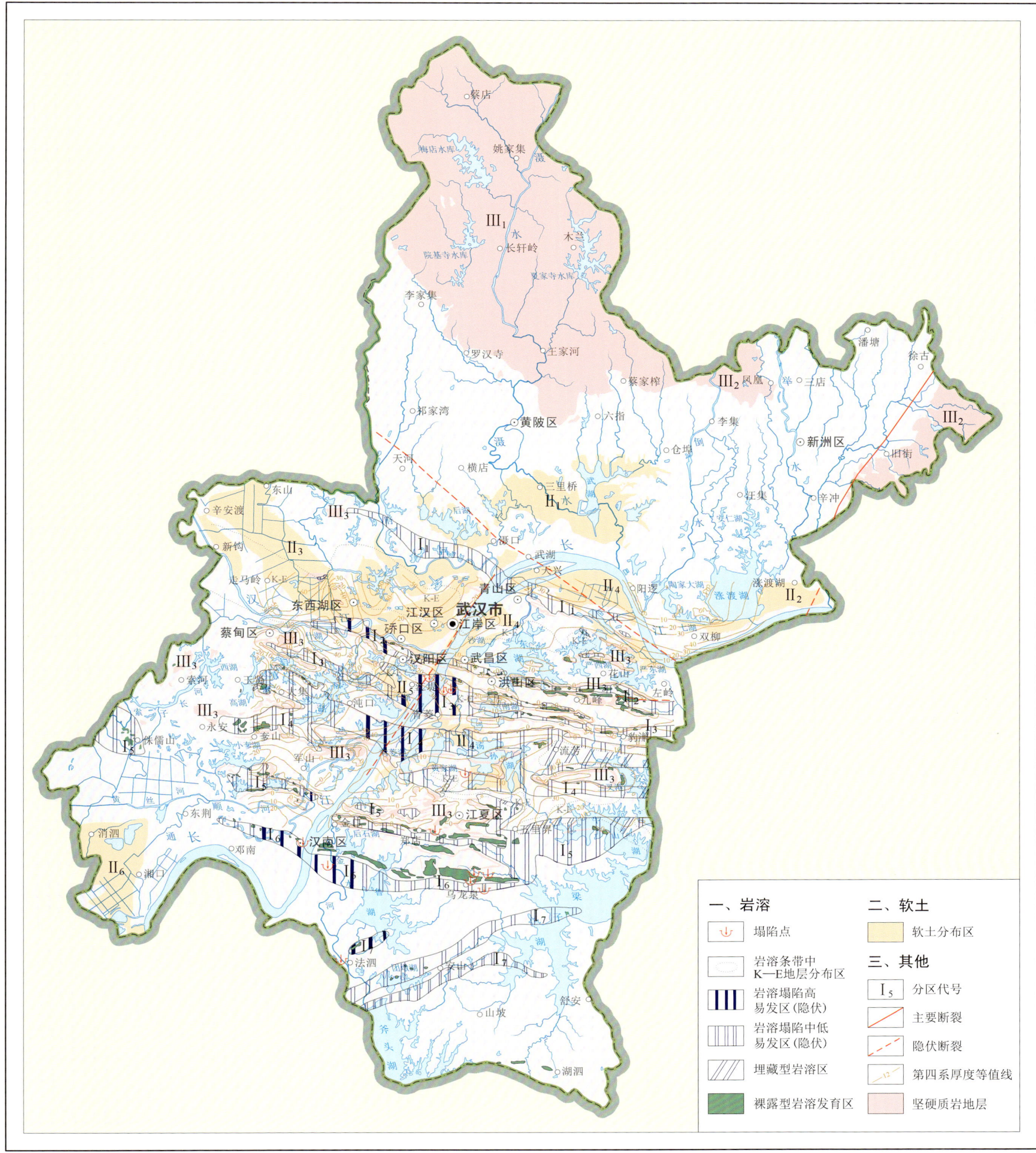

资料截至日期：2015年12月
资料来源：武湖北省地质环境总站
编　　图：邹安全　程刚　杨涛

1：625 000

武汉市影响地下空间资源利用的主要工程地质问题是岩溶、软土、硬质岩和地下水。

（1）碳酸盐岩分布区从北向南大致呈8个条带状。岩溶地面塌陷高易发区主要分布在长江和汉江一级阶地，是武汉市已发岩溶地面塌陷的主要分布区。

（2）软土包括淤泥和淤泥质软土，主要分布于长江和汉江一级阶地，特别是一些较大的湖泊周围。

（3）硬质岩分布：红安群、大别群变质岩和岩浆岩等坚硬岩分布于武汉市黄陂区和新洲区北部。泥盆系云台观组含砾石英砂岩、石英砂岩分布于武汉主城区。

（4）第四系孔隙承压水可能导致涌水、涌水砂致塌陷，其次对浅表深基坑开挖影响较大。

武汉市岩溶条带分布图

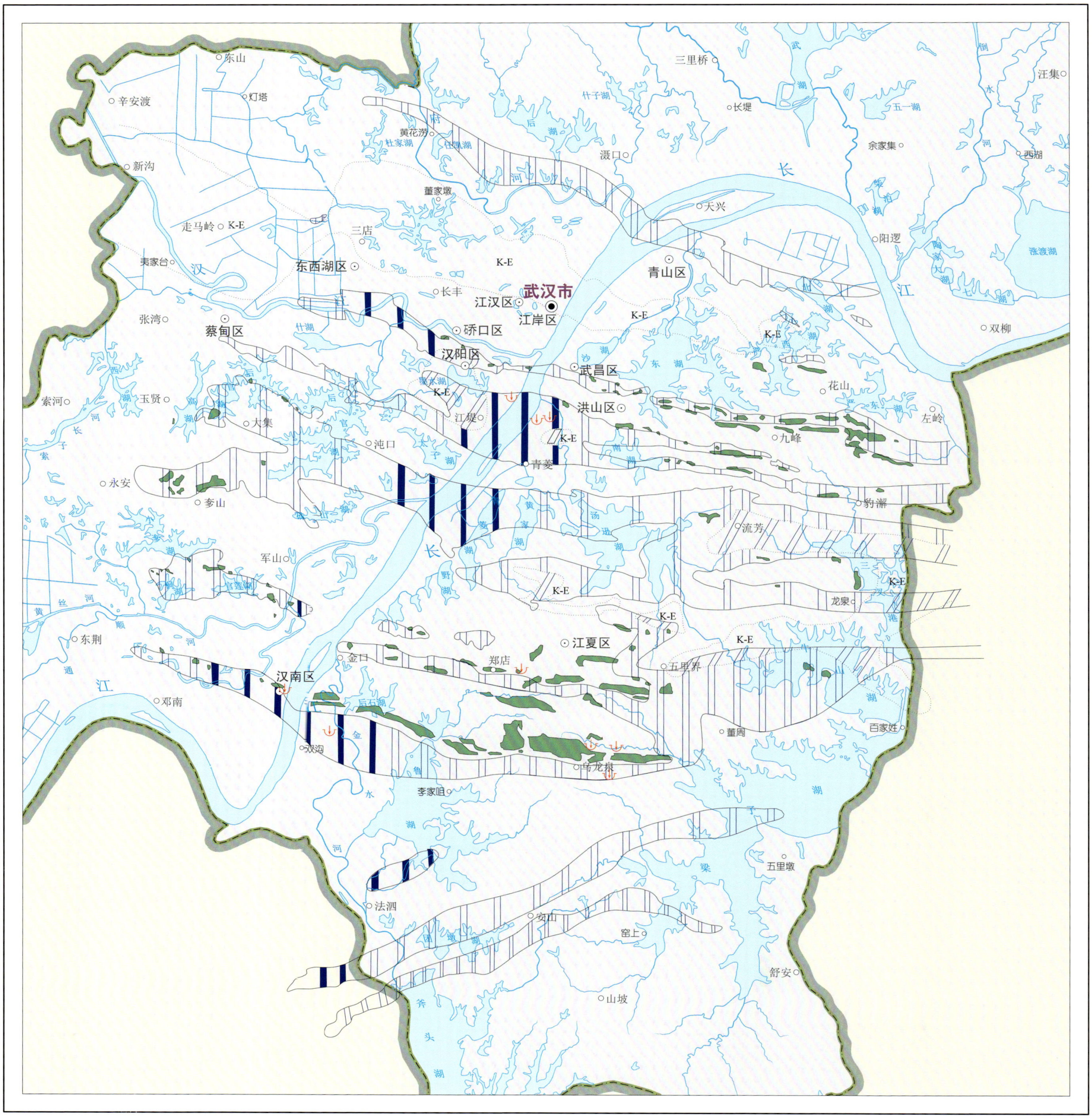

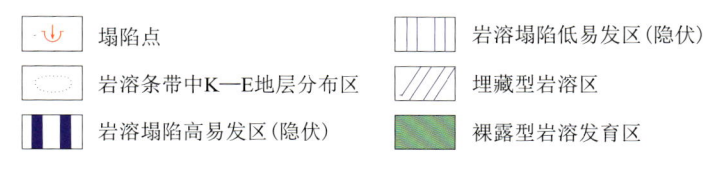

资料截至日期：2015年12月
资料来源：武汉地质调查中心收集
　　　　　湖北省地质环境总站
编　　图：杨涛　程刚　肖攀

1 : 370 000　　0　3.7　7.4　11.1　14.8 km

图例	
塌陷点	岩溶塌陷低易发区（隐伏）
岩溶条带中K—E地层分布区	埋藏型岩溶区
岩溶塌陷高易发区（隐伏）	裸露型岩溶发育区

　　武汉市碳酸盐岩的分布由北向南可以划分为8个条带。其中埋藏型碳酸盐岩主要分布在汉阳的墨水湖一带，武昌豹子山、流芳—鸭儿湖一带，武昌陆家街一带有零星分布。埋藏型岩溶区是区内岩溶地面塌陷易发区，由北向南发育的岩溶条带分别为：①汉江-大桥-九峰岩溶条带中的慈惠—舵落口—锅顶山一带；②蔡甸-青菱-关山-豹澥岩溶条带中的汉阳轧钢厂—青菱—陆家街一带；③沌口-汤逊湖-流芳岩溶条带中的沌口—青菱—黄家湖一带；④军山-金口-江夏岩溶条带中的"军山长江沿江"一带；⑤汉南-乌龙泉岩溶条带中的汉南—鲁湖一带；⑥法泗一带。

2 城镇化发展规划布局需要考虑的资源潜力

长江中游城市群水系图

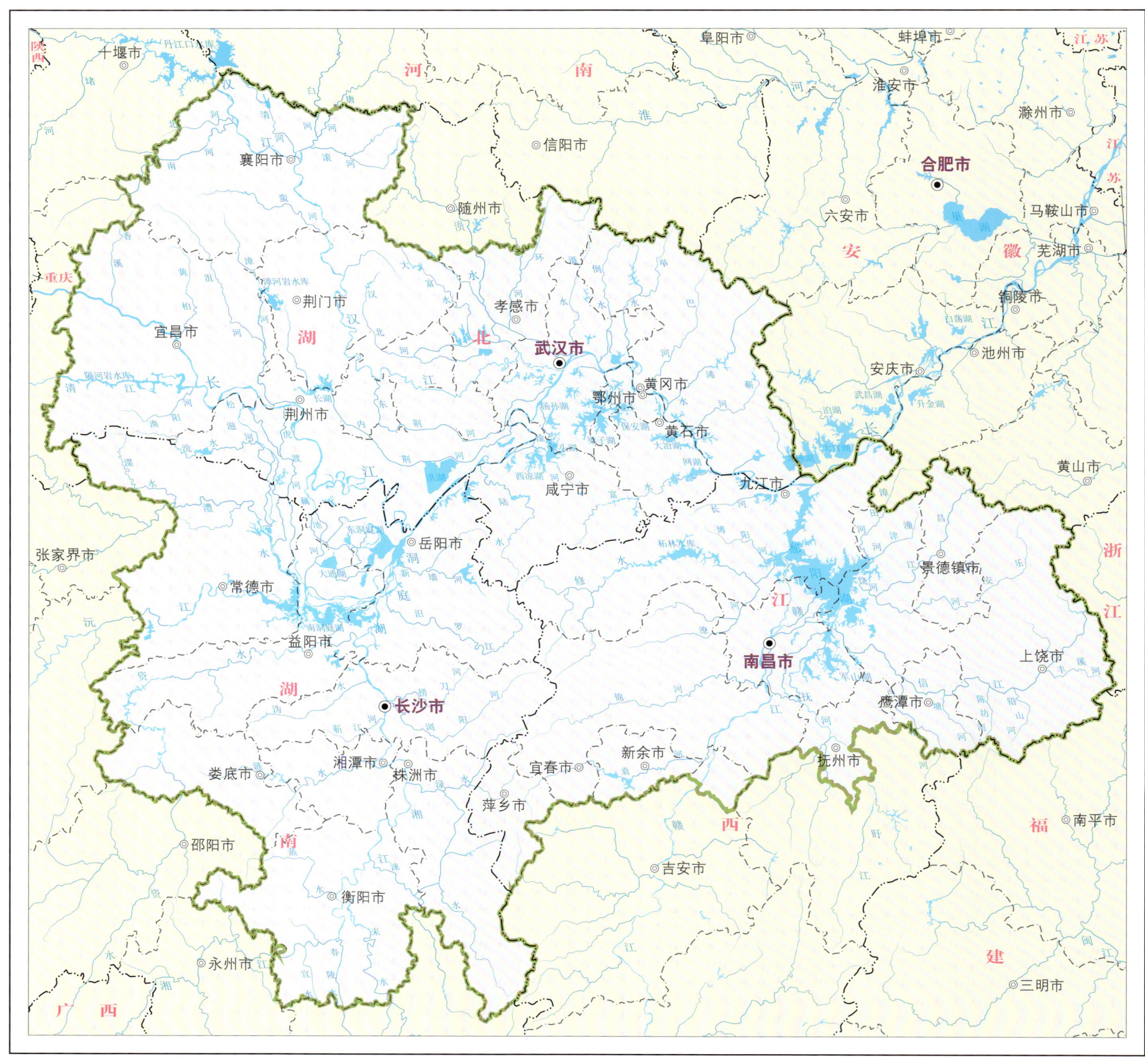

资料截至日期：2015年12月
资料来源：武汉地质调查中心收集
编　　图：邵长生　樊曾影

1 : 3 500 000

　　长江中游宜昌至湖口间水系长约955km，区内水系包括长江中游干流，以及主要支流：南岸的清江，洞庭湖水系的湘、资、沅、澧四水，鄱阳湖水系的赣、抚、信、饶、修五河和北岸的汉江。长江中游流域面积$68×10^4m^2$，占长江流域总面积的37.6%，多年平均年径流量达$4500×10^8m^3$，占全流域总径流量的47.2%，是我国水资源最丰富的区域。流域内除各支流上游为山地丘陵外，平原区面积占较大比重，因此是防洪重点地区。

　　自枝城至城陵矶河段为荆江，两岸平原广阔，地势低洼，是长江防洪形势最为严峻的一段。其中下荆江河道蜿蜒曲折；南岸有松滋、太平、藕池、调弦（已堵塞）四口分流入洞庭湖，由洞庭湖调蓄后，在城陵矶注入长江，江湖关系最为复杂。城陵矶以下至湖口，主要为宽窄相间的藕节状分汊河道，总体河势比较稳定。

长江中游城市群重要水源地生态保护区分布图

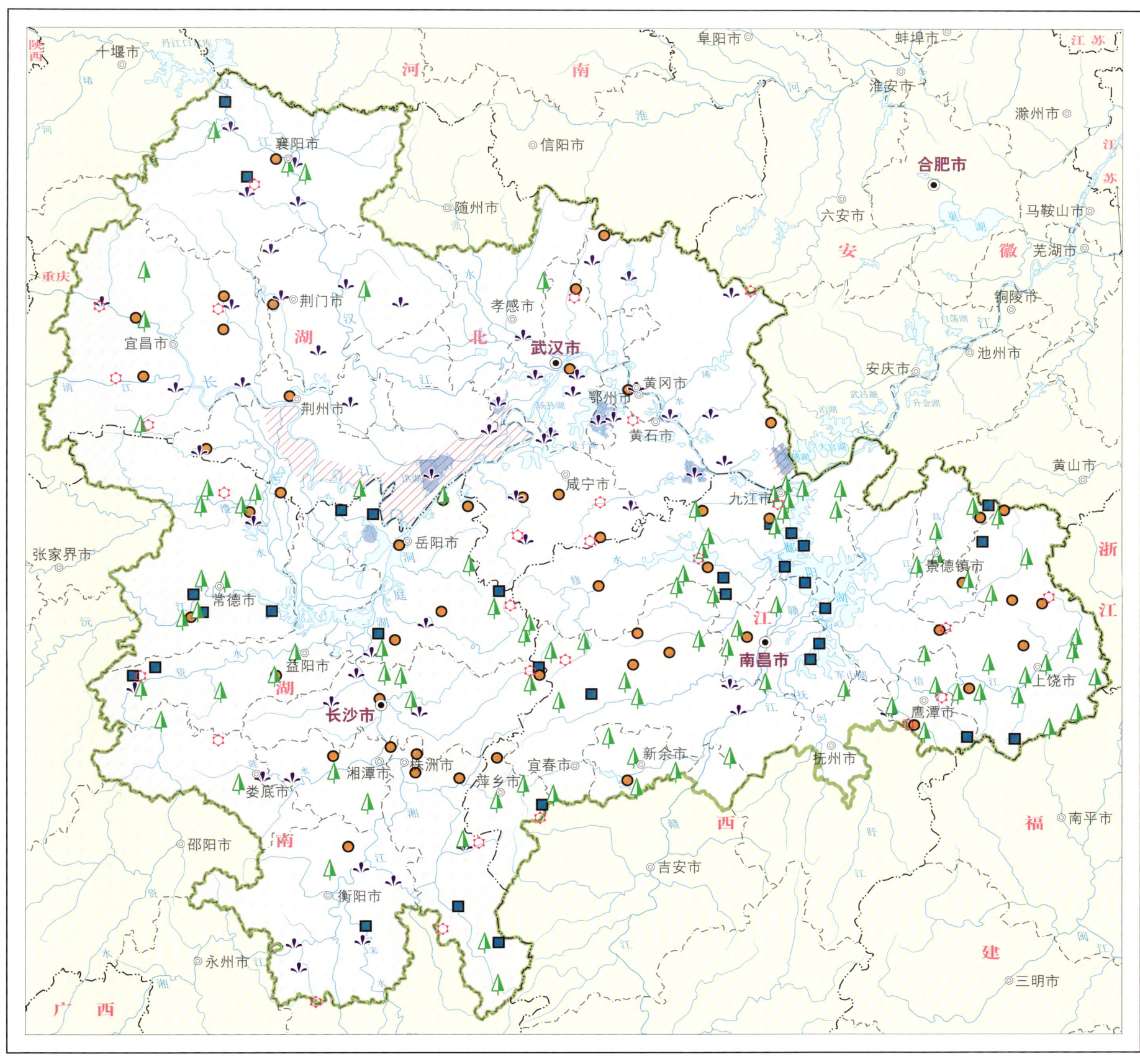

资料截至日期：2015年12月
资料来源：武汉地质调查中心收集
编　　图：邵长生　路涛　王岑

比例尺 1：3 500 000

图例：
- 湿地公园
- 森林公园
- 地质公园
- 风景名胜区
- 自然保护区
- 重要湿地
- 蓄（滞）洪区

长江中游城市群点状重要饮水水源地区，主要沿区内的水系——长江、汉江、湘江、赣江等及其支流分布，有国家级重要饮用水水源地17个（重要水源地保护区不参与面积统计）。该类型水源地保护区应采取严禁开发、加强保护和修复的措施。

区内主要面状水系（湖泊、水库、长江、汉江、湘江、赣江等）的水域总面积为14 910 km²；其中，面积大于20 km²的水质较好的湖泊和水库43个，水域面积9 971 km²，区内重要湖泊和水库受保护比例为66.87%。

长江中游城市群主要城市地下水应急（后备）水源地圈定46个，主要分布在人口较集中的大中城市周边。其中江西省境内分布10个，水源地面积23~71 km²，允许开采量（0.69~12）×10^4 m³/d；湖北省境内分布14个，面积28~105 km²，允许开采量（0.5~7.3）×10^4 m³/d；湖南省境内分布22个，水源地面积4.4~195.5 km²，允许开采量（0.42~17.6）×10^4 m³/d。

长江中游城市群应急供水地下水水源地分布图

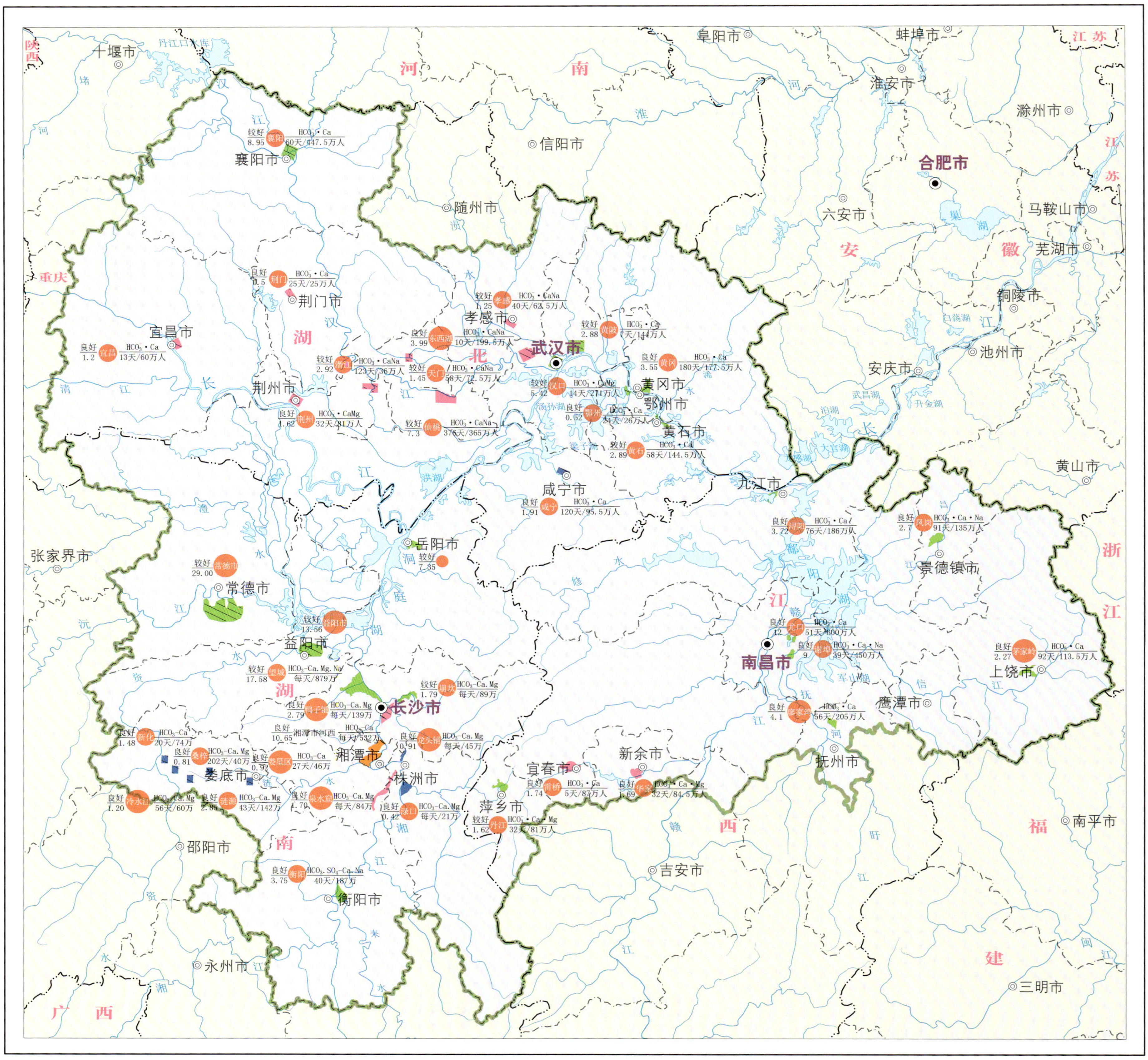

资料截至日期：2015年12月

资料来源：武汉地质调查中心收集

编　　图：邵长生　邹安全　徐定芳　杨　漫

1 : 3 500 000　0　35　70　105　140 km

水源地类型

- 松散岩类孔隙水水源地
- 碳酸盐岩类岩溶水水源地
- 碎屑岩裂隙溶洞水水源地
- 混合水水源地
- 建议水源地靶区

水质 / 可开采量（×10^{4}m^3/d）　地名　水化学类型 / 供水时间(d)/人口(人)

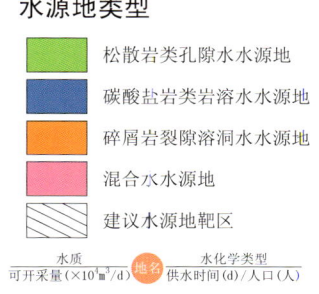

长江中游城市群共圈定46个地下水应急水源地，其中鄱阳湖经济区10个，水源地面积23～71km^2，允许开采量（0.69～12）×10^{4}m^3/d；武汉都市圈14个，面积28～105km^2，允许开采量（0.5～7.3）×10^{4}m^3/d；长株潭城市群22个，水源地面积4.4～195.5km^2，允许开采量（0.42～17.6）×10^{4}m^3/d。水源地主要分布在人口较集中的大中城市及周边。表中18处应急水源地反映可供100万以上人口的应急水源地。应急水源地水质主要受各区水质背景值影响，整体来说，应急水源地水质、水量均较好，部分地区水质受铁、锰含量超标影响，但经曝气、过滤处理即可。

长江中游城市群矿产资源分布图

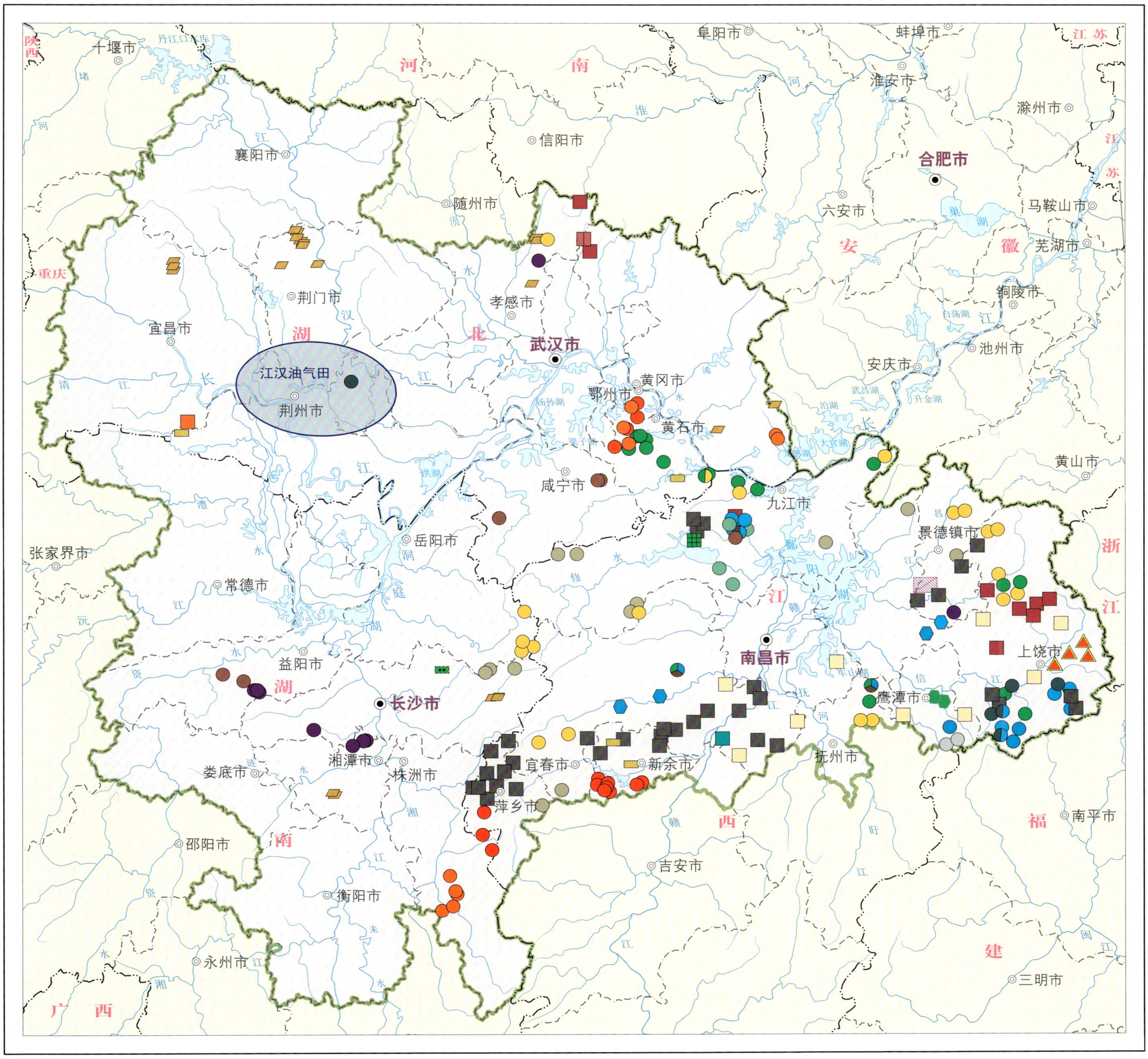

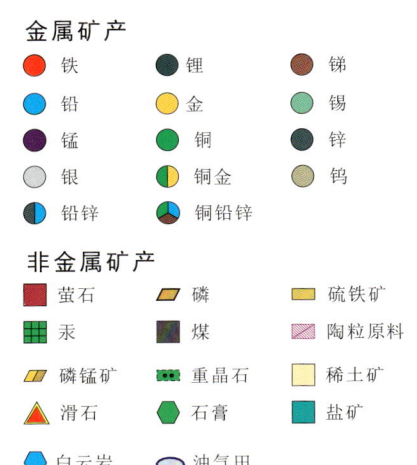

资料截至日期：2015年12月
资料来源：武汉地质调查中心收集
编　图：齐信　邵长生　孙四权　徐定芳　楼法生

1 : 3 500 000

金属矿产
- 铁　锂　锑
- 铅　金　锡
- 锰　铜　锌
- 银　铜金　钨
- 铅锌　铜铅锌

非金属矿产
- 萤石　磷　硫铁矿
- 汞　煤　陶粒原料
- 磷锰矿　重晶石　稀土矿
- 滑石　石膏　盐矿
- 白云岩　油气田

区内金属矿产主要有铁矿、锂矿、锑矿、锰矿、铜矿、锌矿、钨矿、铅矿、金矿、锡矿、铅锌矿、银矿、铜金矿、铜铅锌矿等；非金属矿主要有萤石矿、磷矿、硫铁矿、磷锰矿、重晶石矿、稀土矿、白云岩矿、汞矿、煤矿、陶粒原料矿、滑石矿、石膏矿、盐矿等。

各矿种分布于3个成矿省和12个成矿带。①秦岭-大别成矿省：涉及东秦岭成矿带和桐柏-大别-苏鲁成矿带，区内较富集的矿种有磷矿、金矿、锰矿、铁矿，尤其磷矿点多面广，大型矿床多；②扬子成矿省：区内涉及长江中下游成矿带、龙门山-大巴山成矿带、上扬子中东部成矿带、江汉-洞庭成矿区、江南隆起西段成矿带、江南隆起东段成矿带、湘中成矿亚带、幕阜山-九华山成矿亚带、武功山-北武夷山成矿亚带共9个亚带，铁矿、铜矿、金矿、锰矿金属矿丰富，煤矿、白云岩矿、硫铁矿非金属矿富集；③华南成矿省：涉及南岭成矿带中段北部，以中型至大型铁矿发育为主要特征。

长江中游城市群地热资源分布图

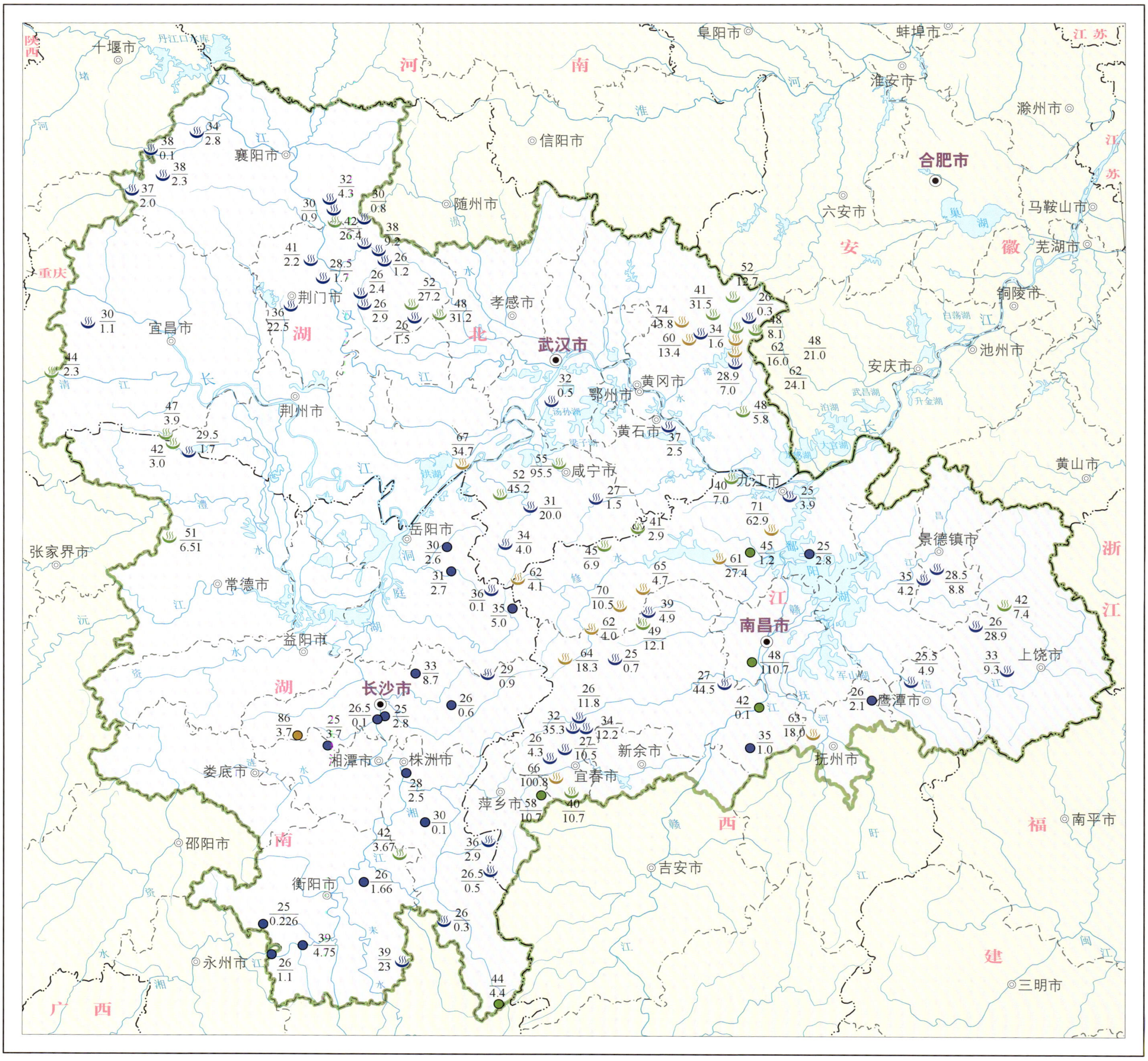

资料截至日期：2015年12月
资料来源：武汉地质调查中心收集
编　　图：邵长生　徐定芳　邹安全　杨漫

比例尺 1:3 500 000

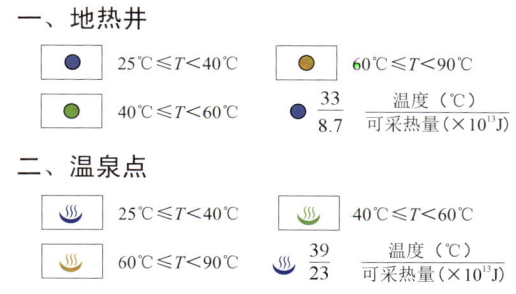

一、地热井
- ● 25℃≤T<40℃
- ● 60℃≤T<90℃
- ● 40℃≤T<60℃
- 33/8.7 温度（℃）/可采热量（×10¹⁵J）

二、温泉点
- ♨ 25℃≤T<40℃
- ♨ 40℃≤T<60℃
- ♨ 60℃≤T<90℃
- 39/23 温度（℃）/可采热量（×10¹⁵J）

　　湖北省隆起山地型地热资源主要分布于鄂东北的英山县、罗田县，鄂东南的咸宁市、赤壁市和鄂中的大洪山、应城市、京山县、钟祥市等。目前区内发现的地热田已达44处，温度25~74℃，地热资源量为4.64×10¹⁸J、地热流体储存量17.31×10⁸m³，已有12个地热田经历了勘探开发；沉积盆地型地热资源3处，温度65~97℃，以热卤水资源为主，地热资源量为249×10¹⁸J、地热流体储存量6760×10⁸m³。

　　江西省地热资源主要分布于九岭隆起、萍乐坳陷带、武功山坳陷和怀玉隆起地质构造带和鄱阳盆地周边。区内温泉点28个，地热井7个。地热资源量为1.05×10¹⁸J，地热流体储存量38.42×10⁸m³，地热田规模以小型为主。

　　长株潭城市群地热资源属热水型，温度范围25~91℃，分布于长沙市、株洲市、湘潭市、岳阳市、常德市。多以天然温泉或地热井形式揭露。长株潭城市群地热资源量为3.57×10¹⁸J、地热流体储存量4.56×10⁸m³。区内共有29处温泉或地热井，划分为21处地热田，目前仅有4处地热田进入综合利用阶段。

3 耕地保护和管理 需要重视的土地质量地球化学背景

长江中游城市群耕地地球化学综合分等图

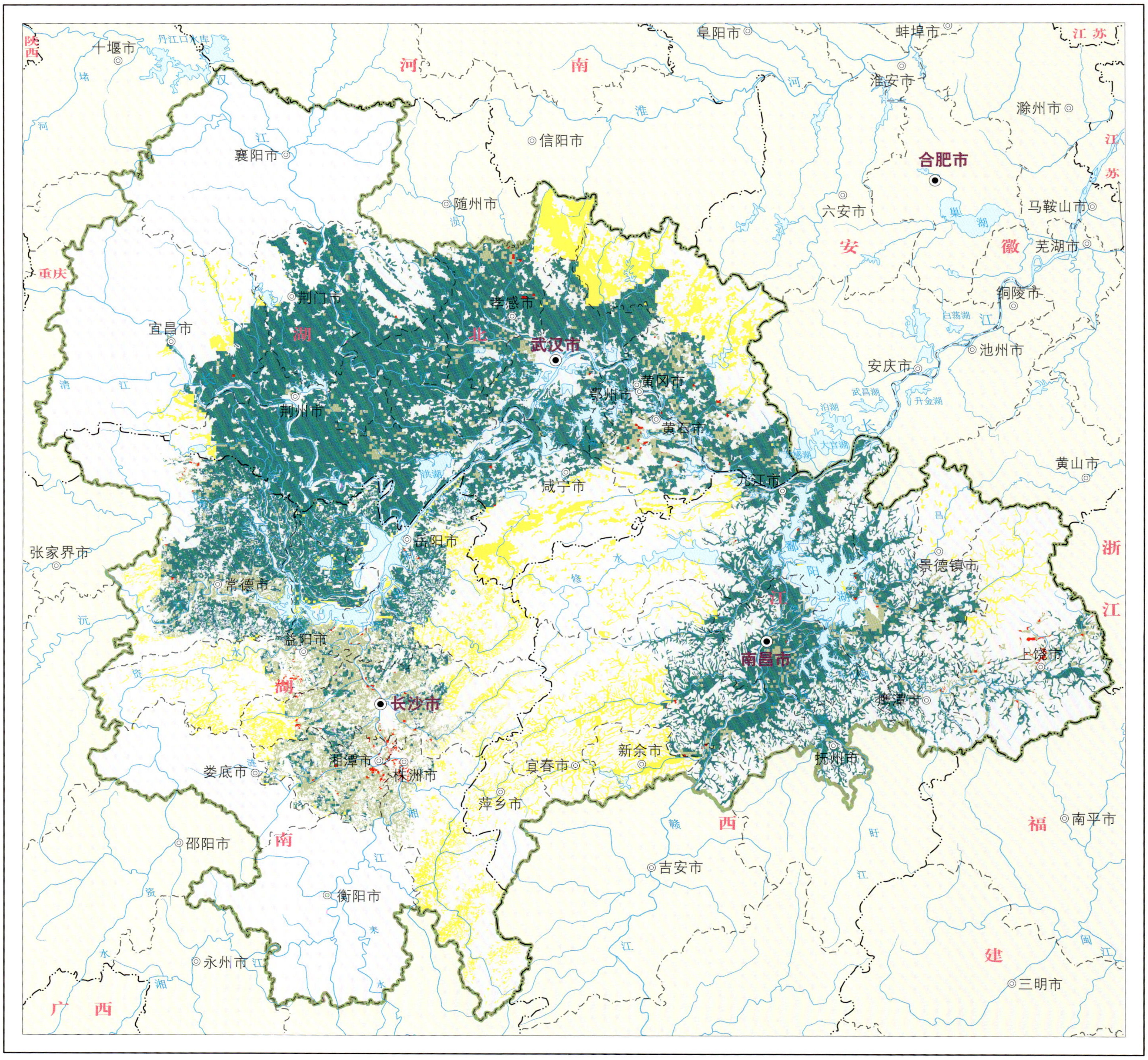

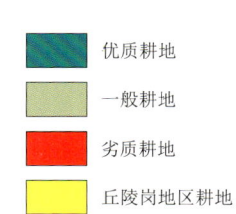

资料截至日期：2015年12月

资料来源：武汉地质调查中心收集

编　　图：曾春芳　彭少南　林治家　汪　凡

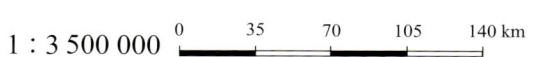

1∶3 500 000　0　35　70　105　140 km

- 优质耕地
- 一般耕地
- 劣质耕地
- 丘陵岗地区耕地

优质农用地分布面积为69 688km^2，占长江中游城市群农用地总面积的67.88%，主要分布在江汉-洞庭湖平原、环鄱阳湖平原区。该区肥力相对丰富，环境清洁，宜划为永久基本农田，予以严格保护和科学开发利用。一般农用地分布面积为13 598km^2，占长江中游城市群农用地总面积的13.24%，主要分布在长株潭、武汉、黄冈、南昌、余干等大中型城市邻域或矿集区，该区土壤肥力相对丰富但环境受到一定程度污染，需注意土地环境治理。劣质农用地分布面积为516km^2，占长江中游城市群农用地总面积的0.50%，主要分布在大冶、益阳、湘潭、株洲、上饶等矿集区。由于工矿作业大力开展，导致该区土壤环境恶化，重金属严重超标，土地修复工作困难。

长江中游城市群平原区可利用富硒土壤资源分布图

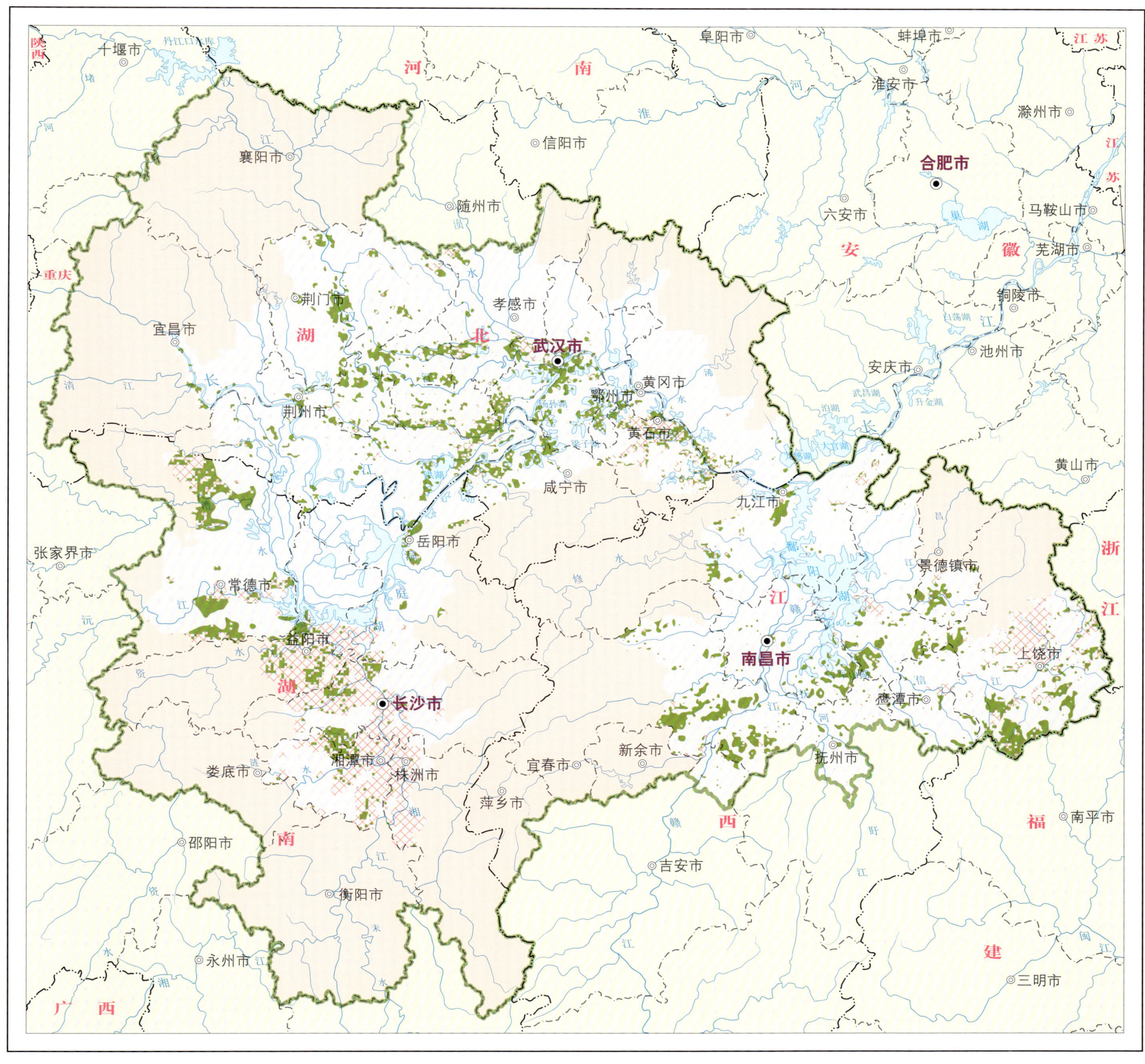

资料截至日期：2015年12月
资料来源：武汉地质调查中心收集
编　　图：曾春芳　汪　凡　彭少南　林治家

1:3 500 000

图例：
- 可用富硒区（13 706 km²）
- 重金属超标富硒区（15 284 km²）
- 1:25万土壤地球化学质量调查未覆盖区

在长江中游城市群已完成土地质量地球化学调查范围内，表层土壤富硒区（土壤中Se含量大于0.4×10^{-6}）面积28 990 km²，占调查区面积的18.12%。其中环境质量同时为清洁或尚清洁区，圈定可利用富硒区面积为13 706 km²，占调查区面积的8.57%，集中分布于江汉平原和鄱阳湖平原南部地区，散布于韶山、桃源、临澧和九江。其土地利用多为农耕区，可直接利用，种植培育天然富硒农产品；部分为非农用地，可调整土地利用或富硒土层异地利用。

江西丰城富硒土壤面积达78.6万亩（1亩=666.7 m²），平均含硒量0.54×10^{-6}，属有机硒形态，富硒农产品开发利用较成功，已取得较好的社会效应和较大的经济效益，被誉为"中国生态硒谷"，为利用土地资源禀赋优势、发展特色农业探索了道路。湖北江汉流域富硒土壤面积1 510万亩，可作为农产品开发基地的面积近1 050万亩，具备总量大、分布广、品质优三大特点，建议推广江西丰城和湖北恩施等地富硒耕地开发经验，科学规划，合理利用绿色富硒耕地资源，进一步将江汉平原打造成为"富硒粮都"。

长江中游城市群平原区土壤肥力地球化学分等图

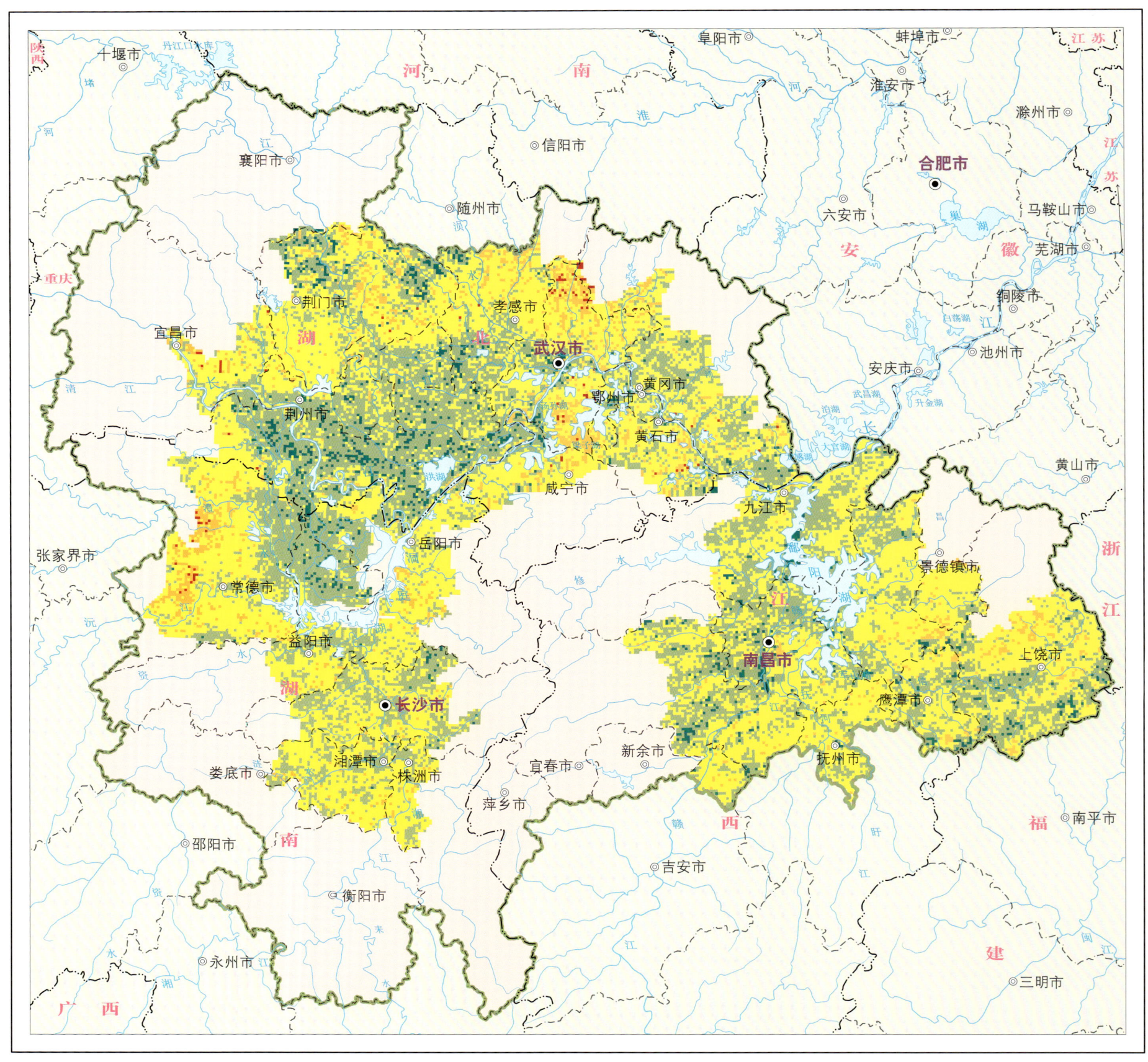

资料截至日期：2015年12月
资料来源：武汉地质调查中心收集
编　　图：曾春芳　汪　凡　彭少南　林治家

1 : 3 500 000

色区	分等	面积(km²)	比例(%)
	丰富	5 884	3.68
	较丰富	55 416	34.71
	中等	88 612	55.49
	较缺乏	9 372	5.87
	缺乏	404	0.25
	1:25万多目标区域地球化学调查未覆盖区		

　　长江中游城市群平原区土壤肥力多为中等至较丰富。肥力中等土壤分布面积为88 612km²，占总面积的55.49%；肥力较丰富土壤分布面积为55 416km²，占总面积的34.71%。肥力丰富土壤主要分布于长江和汉江周边、鄱阳湖及洞庭湖周边区域，分布面积仅5 884km²，占总面积的3.68%；肥力较缺乏土壤主要分布于湖北武汉和钟祥地区、湖南武陵山脉地区以及信江盆地北部，分布面积为9 372km²，占总面积的5.87%；肥力缺乏土壤主要分布于大别山余脉区、武陵山脉区，分布面积为404km²，占总面积的0.25%。

长江中游城市群土壤质量地球化学综合等级图

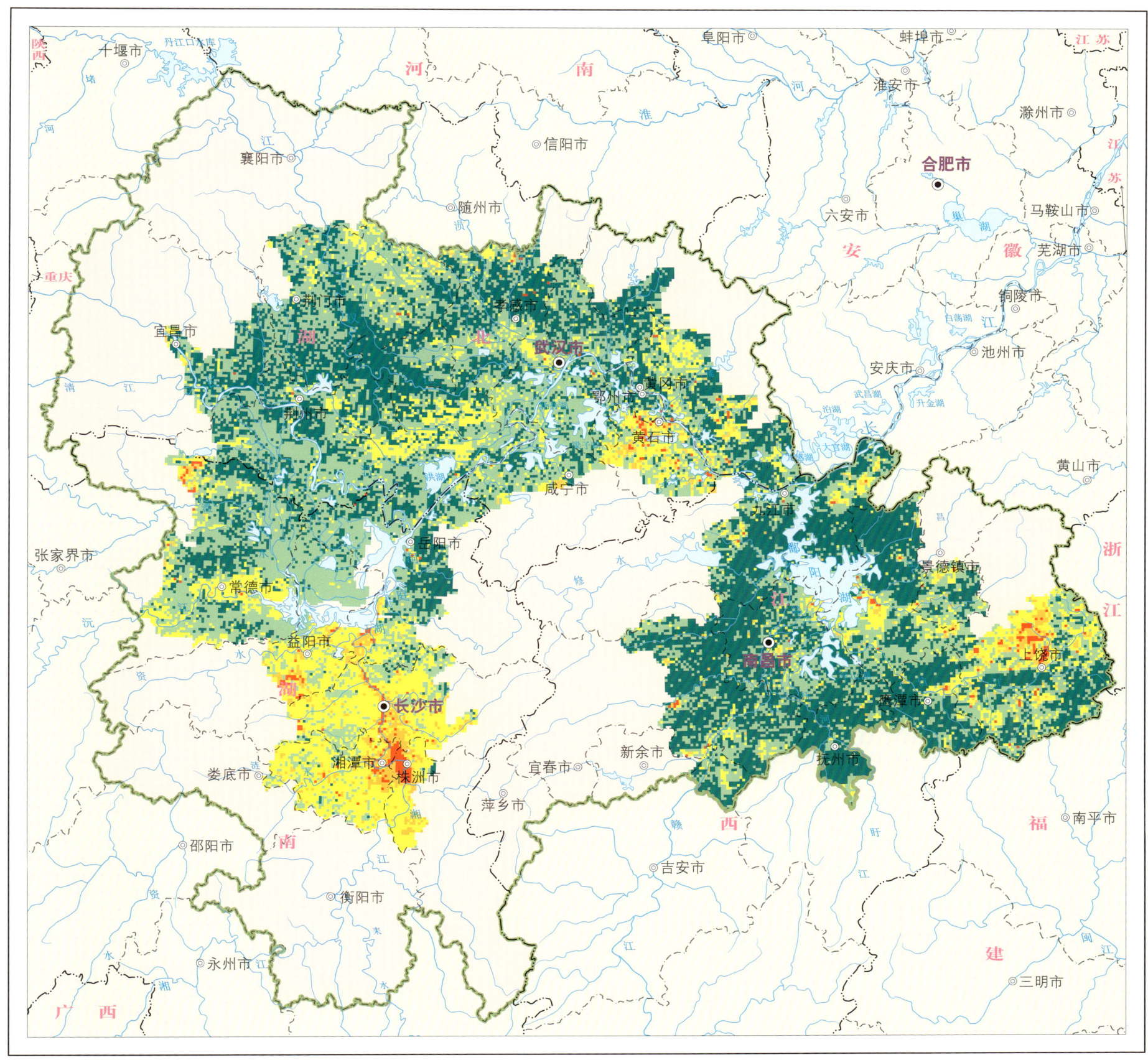

资料截至日期：2015年12月
资料来源：武汉地质调查中心收集
编　图：曾春芳　彭少南　汪凡　林治家

1 : 3 500 000

色区	分等	面积(km²)	比例(%)
	优质	60 124	37.65
	良好	62 884	39.38
	中等	29 840	18.39
	差等	5 016	3.14
	劣等	1 824	1.14
	1:25万多目标区域地球化学调查未覆盖区		

　　长江中游城市群平原区大多数土壤质量属于优质或良好。优质区及良好区土壤分布面积分别为60 124km²、62 884km²，共占总面积的77.03%，主要分布于江汉-洞庭湖平原、环鄱阳湖平原区，土地利用为农田、园地和林地的农耕区；中等质量区面积为29 840km²，占总面积的18.69%，主要分布于益阳—株洲、武汉、黄石、余干、乐平、上饶等人类活动频繁的大中型城市邻域或矿集区，区内土壤主要是As、Cd、Cu、Hg、Ni、Pb等重金属含量超标；差等和劣等土壤面积分别为5 016km²、1 824km²，二者占总面积的4.28%，主要受Cd污染所致，集中分布于长株潭、石门、黄石、上饶等矿集区，建议相关部门加强对工业污染的控制和矿山环境的保护，及时采取适当的污染防治措施，或改变土地利用方式，调整种植结构。

长江中游城市群平原区土壤酸碱度分区图

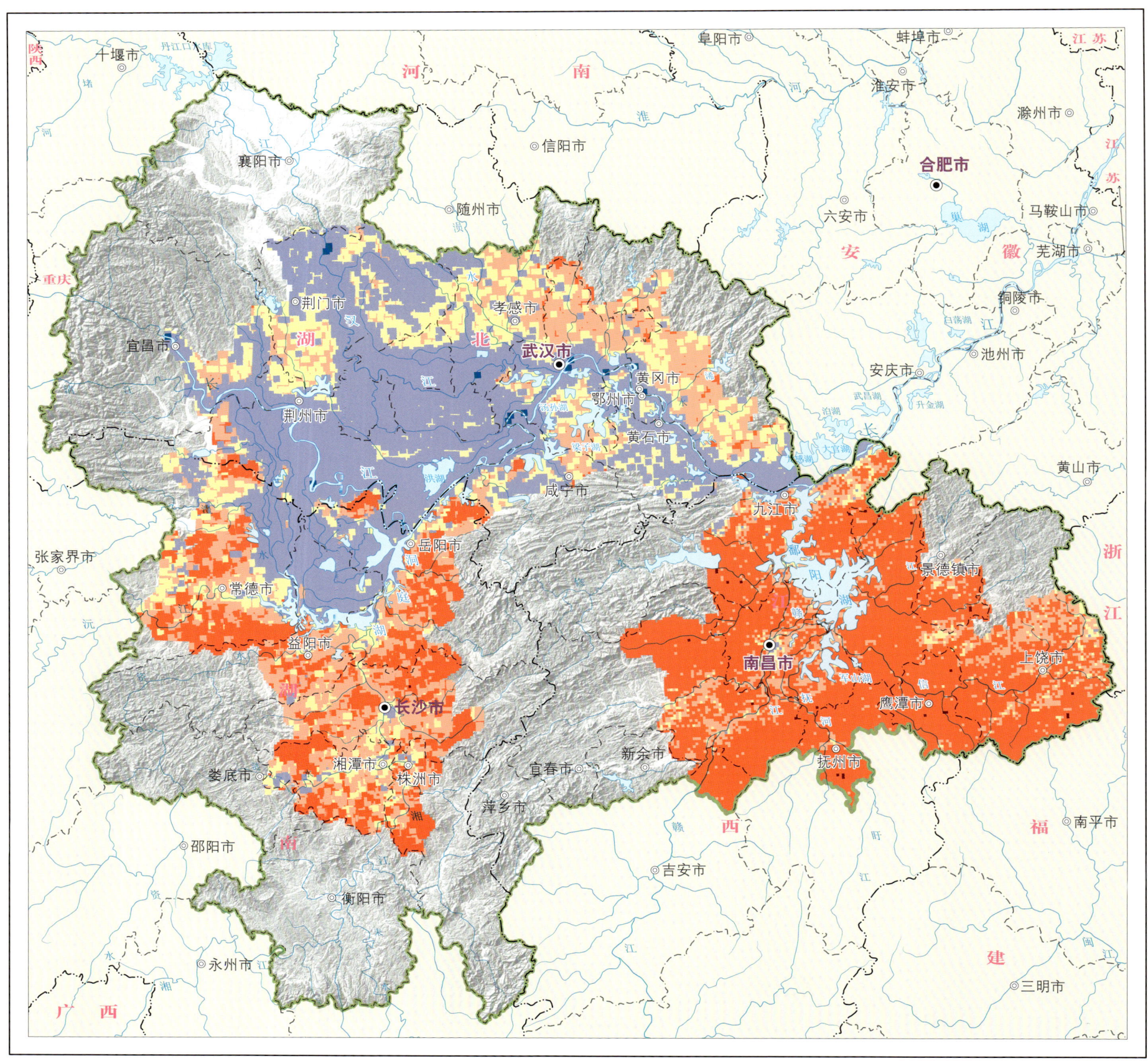

资料截至日期：2015年12月
资料来源：武汉地质调查中心收集
编　图：曾春芳　彭少南　汪凡　林治家

1∶3 500 000

土壤pH值及酸碱度分类	色区	面积(km²)	面积比例(%)	与植物生长的关系
9.5~8.5（碱性）		92	0.06	不利植物生长
8.5~7.5（弱碱性）		39 380	24.14	Fe、B、Cu、Mn、Zn等元素易短缺
7.5~6.5（中性）		18 664	11.44	养分有效性高，最有利植物生长
6.5~5.5（弱酸性）		41 984	25.74	养分有效性较高，有利植物生长
5.5~4.5（酸性）		62 832	38.53	P、K、Ca、Mg等元素短缺
≤4.5（强酸性）		148	0.09	重金属易活化，林地及耐污作物种植

长江中游城市群表层土壤酸碱度以洞庭湖和长江为界，南侧土壤酸碱度整体呈酸性（4.5<pH≤5.5）至弱酸性（5.5<pH≤6.5），而北侧土壤酸碱度整体呈中性（6.5<pH≤7.5）至弱碱性（7.5<pH≤8.5）。长江中游城市群酸性土壤分布最为广泛，主要分布在鄱阳湖周边、信江盆地和洞庭湖周边地区，分布面积为62 832km²，占总面积的38.53%，以红壤为主，P、K、Ca、Mg等元素易短缺，土壤肥力相对较差；弱酸性土壤相邻于酸性土壤分布，同时在湖北孝昌县—黄梅县岗地区有较大面积分布，分布面积为41 984km²，占总面积的25.74%，土壤类型多样，养分有效性较高，有利于植物生长；中性土壤主要分布于江汉平原地区，以水稻土为主，分布面积为18 664km²，占总面积的11.44%；弱碱性土壤主要分布于江汉平原区和洞庭湖平原区，分布面积39 380km²，占总面积的24.14%。以水稻土为主，弱碱性土壤区Fe、B、Cu、Mn、Zn等有益元素易短缺，种植区应注意相关肥力补给；强酸性土壤（pH≤4.5）和碱性土壤（8.5<pH≤9.5）均不利于植物种植，仅零星分布于鄱阳湖周边地区和长江及汉江周边等地区，分布面积分别为148km²、92 km²，共占总面积的0.15%。

长江中游城市群土壤类型分区图

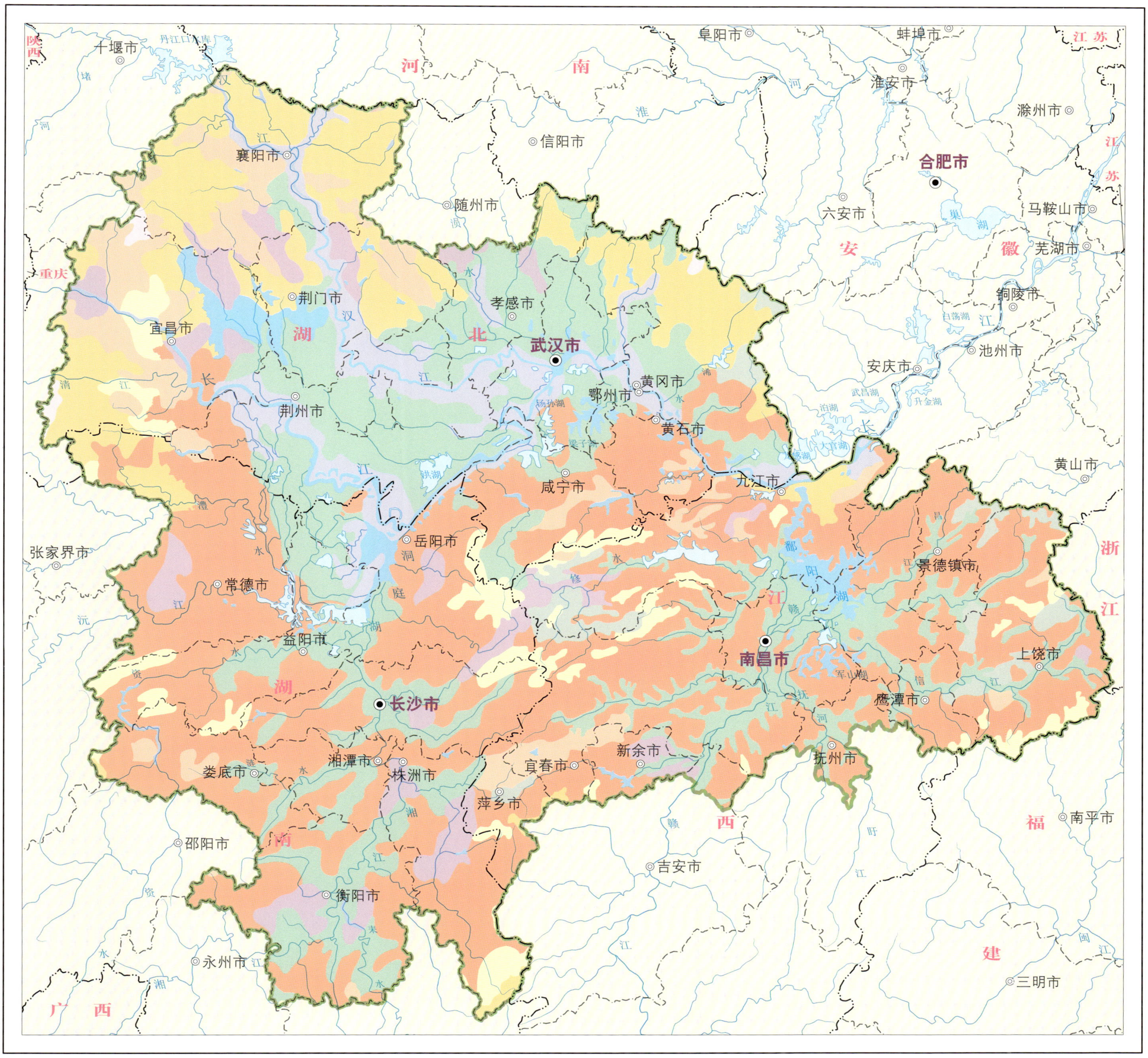

资料截至日期：2015年12月
资料来源：武汉地质调查中心收集
编　　图：邵长生　王岑　路韬

1 : 3 500 000

水稻土	紫色土
粗骨土	棕壤
红壤	潮土
黄棕壤	石灰土
黄壤	水体

长江中游城市群土壤类型主要有红壤、水稻土、潮土、黄棕壤、紫色土、黄壤、石灰土、粗骨土、棕壤九大类。

①红壤：区内分布最广的土类，主要分布在环长株潭城市群与环鄱阳湖城市群及湖北省黄冈市南部；②水稻土：主要分布于滨湖区及河谷平原区，是区内分布面积仅次于红壤的土类；③潮土：以灰潮土和石灰性潮土为主，主要分布在武汉城市圈河谷平原区，另在洞庭湖滨湖区和江西境内彭泽长江南侧有少量分布；④黄棕壤：主要分布在武汉城市圈北部丘陵及山地区和江西境内长江南侧；⑤紫色土：主要分布在武汉城市圈北部、江西省与湖南省交界等丘陵及岗地区，湖南常德西部和长沙中部、江西九江和分宜县东部等丘陵岗地区亦有出露；⑥黄壤：主要分布于雪峰山、幕阜山脉、九岭山脉、庐山、怀玉山、武夷山脉等中低山区；⑦石灰土：主要有红色石灰土、棕色石灰土及少量黑色石灰土，分布于区内碳酸盐岩出露区的丘陵区；⑧粗骨土：主要分布在江西省九江西部、上饶东部、乐平市东北部、萍乡市中部等山地区和湖北黄冈市东部山地区；⑨棕壤：仅在湖北黄冈市罗田县北部山体有少量分布。

长江中游城市群遥感影像图

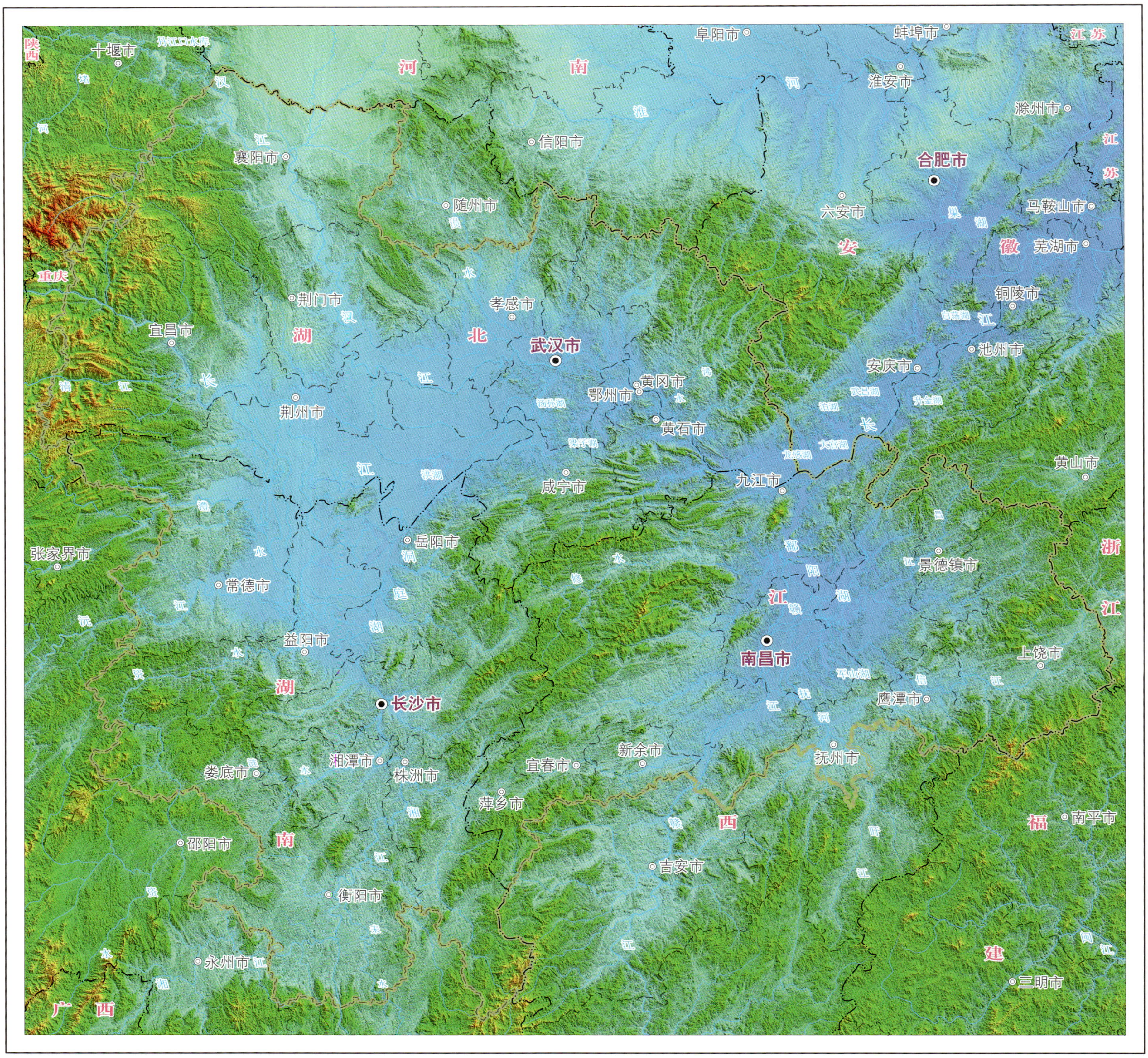

资料截至日期：2015年12月
资料来源：武汉地质调查中心收集
编　　图：杨艳林　邵长生

1 : 3 500 000

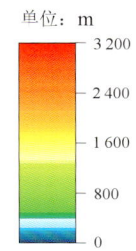

　　长江中游地区处于我国地势第二级阶梯向第三级阶梯过渡地带，江汉-洞庭湖群、鄱阳湖和长江构成了长江中游城市群"一江两湖"的地貌轮廓。江汉-洞庭湖平原和鄱阳湖平原以及周缘岗地和低山丘陵构成区内地貌主体。中低山零星分布于武汉东北部大别山余脉、庐山、九岭-幕阜山、罗霄山脉等。沿江岸带为平原岗地，地形平缓，起伏小，宽度大。水资源丰富，内河航运发达，通江达海，交通便利，适合发展城市和工业布局以及港口建设。其他地区也是以岗地、丘陵、低山为主，虽有幕阜山系和九岭山系，但总体中低山区面积相对较小，地基稳定性好，使得长江中游具备建设成为与山水林田湖相融合的、宜居宜业的城市群。

4 国土开发与生态环境保护需要重视的资源环境状况

长江中游城市群生态安全保护战略格局示意图

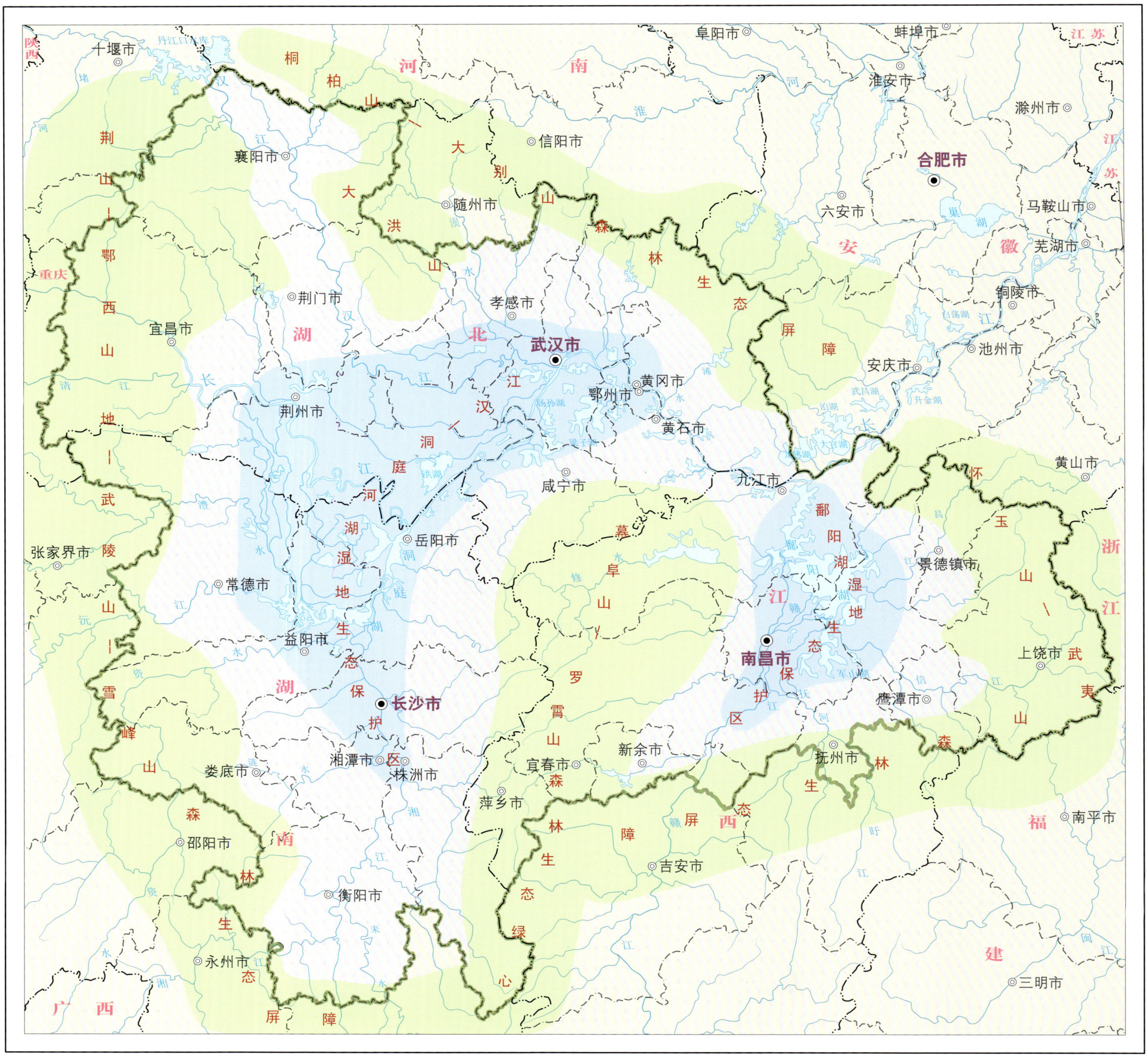

资料截至日期：2015年12月
资料来源：武汉地质调查中心收集
编　　图：邵长生　路韬

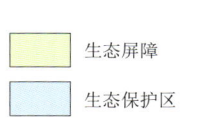

1 : 3 500 000

环长江中游城市群森林生态屏障：
　桐柏山-大别山森林生态屏障
　怀玉山-武夷山森林生态屏障
　荆山-鄂西山地-武陵山-雪峰山森林生态屏障

长江中游城市群森林生态绿心：
　幕阜山-罗霄山森林生态绿心

长江中游城市群湿地生态保护区：
　江汉-洞庭河湖湿地生态保护区
　鄱阳湖湿地生态保护区

　　生态屏障
　　生态保护区

　　长江中游城市群生态安全保护"环屏一带两区"格局主要有：环长江中游城市群森林生态屏障、长江中游城市群森林生态绿心、江汉-洞庭平原和鄱阳湖平原湿地生态保护区。罗霄山脉和幕阜山区构成了长江中游城市群的天然"绿心"，江汉平原、洞庭湖平原和鄱阳湖平原镶嵌其中，环绕于周边的低山丘陵则成为绿色生态屏障。

长江中游城市群生态环境保护区分布图

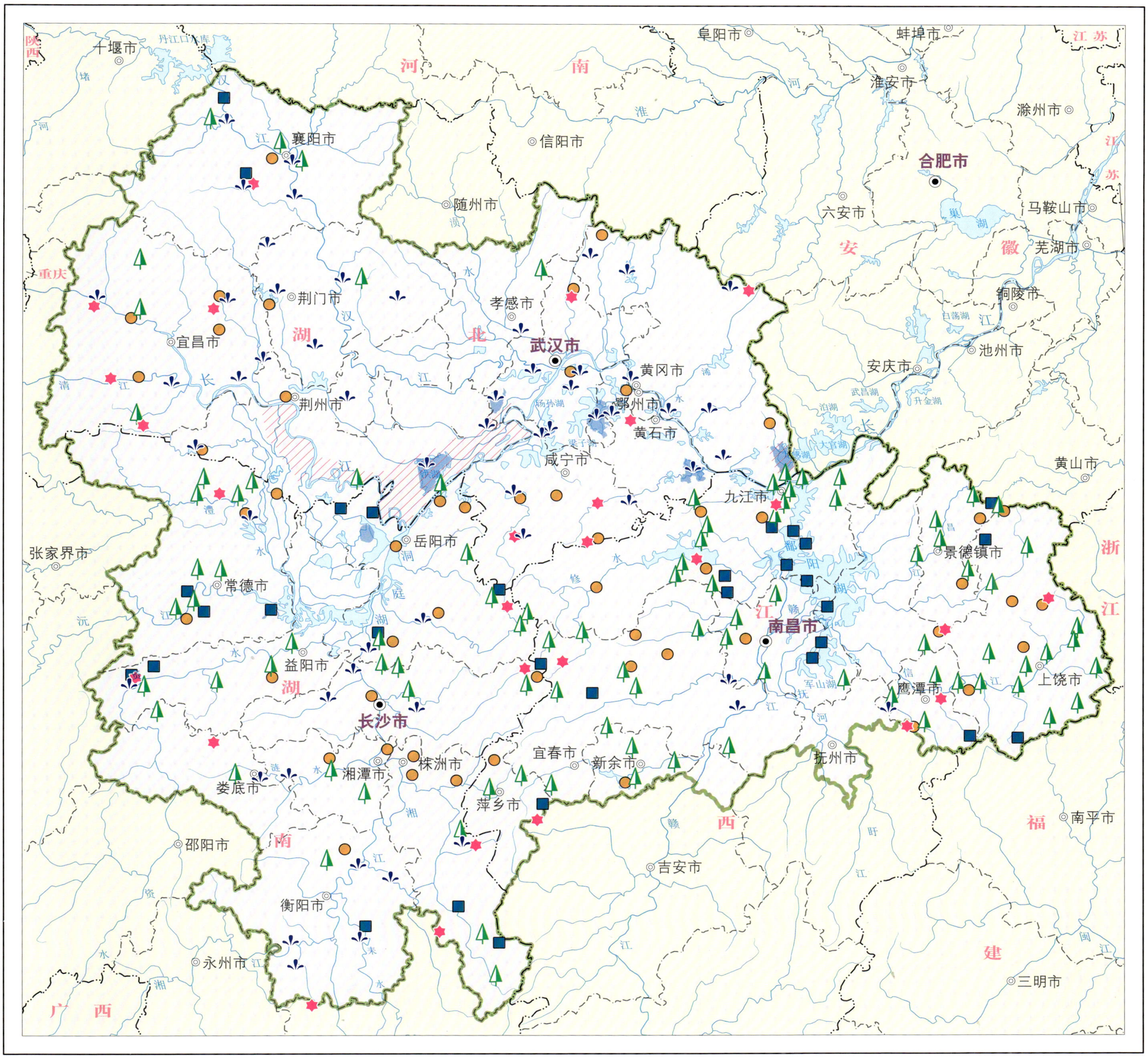

资料截至日期：2015年12月
资料来源：武汉地质调查中心收集
编　　图：邵长生　王岑　赵幸悦子

1:3 500 000

图例：
- 湿地公园
- 森林公园
- 地质公园
- 风景名胜区
- 自然保护区
- 重要湿地
- 蓄（滞）洪区

　　长江中游城市群自然保护区和风景名胜区主要以中山至低山镶嵌平原湖区为主。森林公园、地质公园山势多陡峻，植被密度大，特殊地质景观发育。蓄（滞）洪区主要设置于长江中游荆江段。湿地公园主要包括长江中游沿岸大型湖泊、水库。

　　根据遥感解译和统计结果，长江中游城市群森林覆盖区总面积为$13.2\times10^4 km^2$，森林覆盖率为43.61%。国家森林公园59个，面积$3\,490\,km^2$；省级森林公园123个，面积$1\,828\,km^2$；森林生态保护区总面积$5\,318\,km^2$，占长江中游城市群国土总面积（$30.27\times10^4\,km^2$）的1.76%，保护率为4.03%。主要地质景观保护区面积为$5\,288\,km^2$，占国土面积的1.75%。包括国家地质公园6处，面积$2\,002\,km^2$；省级地质公园14处，面积$3\,286\,km^2$；国家地质公园为禁止开发区。至2014年底，建立了国家湿地公园80个，湿地公园保护总面积为$3\,247\,km^2$，湿地保护总面积$11\,894\,km^2$，占湿地面积的59.94%。

长江中游城市群湖泊湿地修复保护建议图

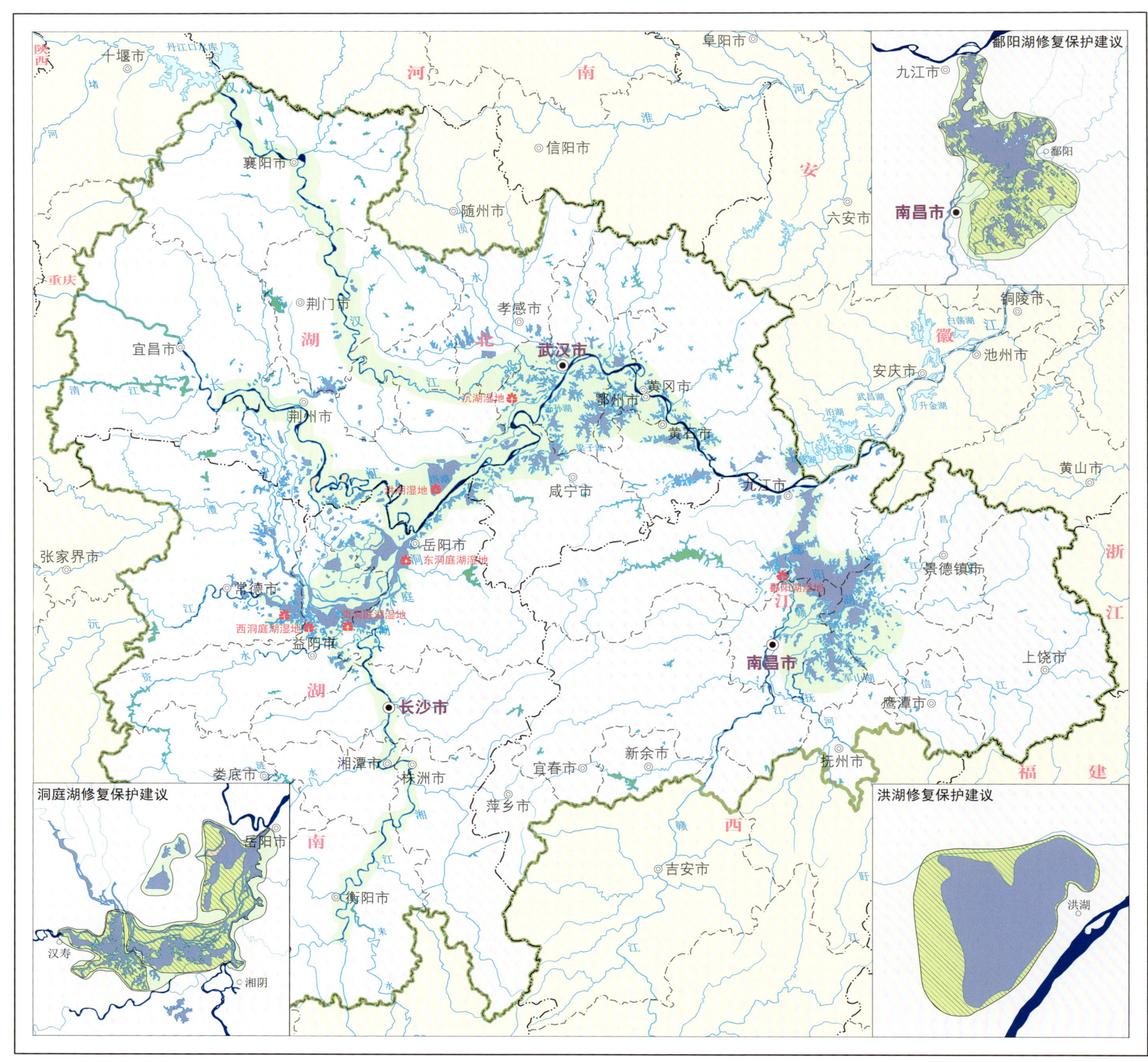

资料截至日期：2015年12月
资料来源：武汉地质调查中心收集
编　　图：邵长生　陈小婷

1 : 3 500 000

重要湖泊湿地修复建议表（km²）

湖泊湿地名称	洞庭湖	洪湖	鄱阳湖
现状面积	2 600	348	3 100
建议修复后面积	4 040	760	4 125

图例：
- 国际重要湿地
- 湖泊湿地
- 河流湿地
- 沼泽与草甸湿地
- 人工湿地（水库）
- 重点湖泊湿地修复建议区
- 重要湿地保护建议区

　　长江中游湖泊湿地86.37%都集中分布在长江中游城市群区域内的洞庭湖湖群、鄱阳湖湖群、江汉湖湖群以及长江干支流和洪泛平原。长江中游湖泊面积超过全国淡水湖总面积的一半，湿地面积19 843km²，占区内总国土面积的6.56%，占全国湿地总面积的1/10。已列为重点保护的重要湿地自然保护区45个，面积8 647km²，其中国际重要湿地6个，包括沉湖湿地（116km²）、洪湖湿地（414km²）、东洞庭湖湿地（1 900km²）、西洞庭湖湿地（356.8km²）、南洞庭湖湿地（1 680.0km²）、鄱阳湖湿地（224km²）。区内主要湖泊湿地面临的主要环境问题有围湖造地、垦殖等造成的湖泊萎缩和湿地退化，湖区养殖、污染造成的水质超标和富营养化等。

　　根据中国国家（国际）重要湿地名录和长江流域生物多样性保护优先原则，建议对鄱阳湖湿地、洞庭湖湿地、江汉湖群、湘江干流等实行重点保护。

长江中游城市群重要湖泊湿地演化图

洪湖

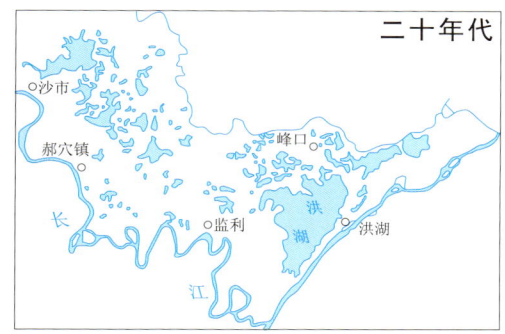

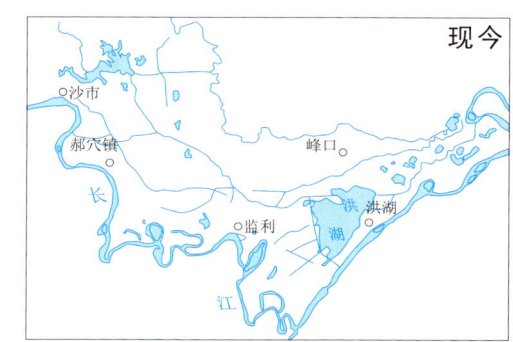

东洞庭湖

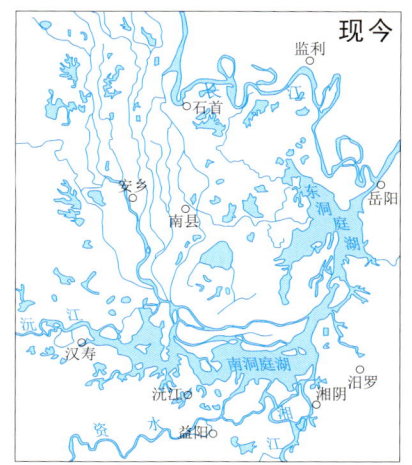

鄱阳湖

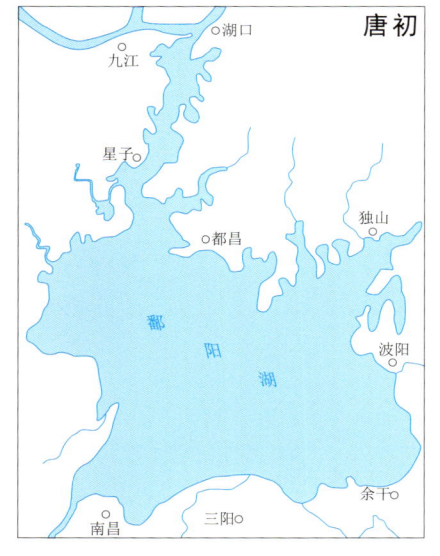
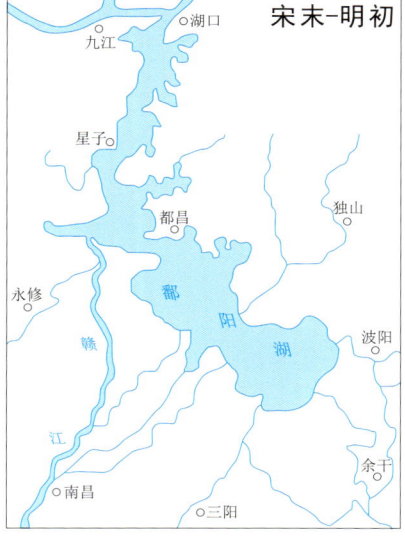

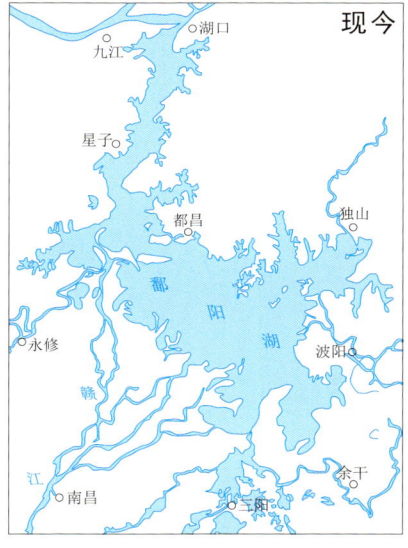

资料截至日期：2015年12月
资料来源：武汉地质调查中心收集
编　　图：邵长生　陈小婷　何　军

在构造运动、河流挟沙入湖、人类围湖垦殖和气候变化等环境因素的综合影响下，洞庭湖、洪湖和鄱阳湖各个不同时期的湖泊湿地均明显存在不同程度的萎缩，湖泊生态系统及资源组成也随之遭遇到不同程度的影响和破坏，湖泊湿地保护不容忽视。

长江中游城市群平原区浅层地下水污染状况图

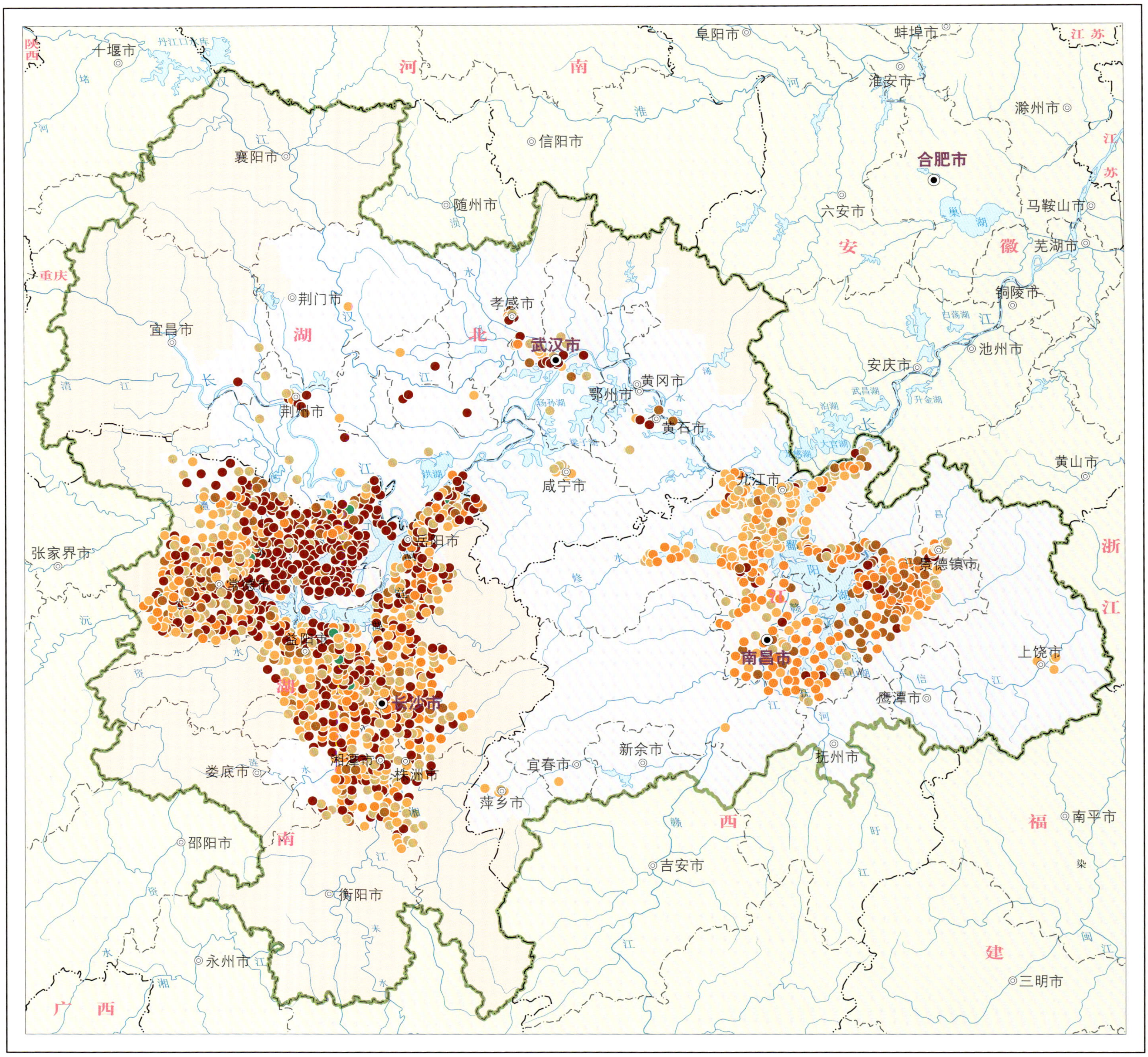

资料截至日期：2015年12月
资料来源：湖北省地质环境总站
　　　　　湖北省地质调查院
　　　　　江西省地质环境总站
　　　　　湖北省水文地质工程地质大队
编　图：肖尚德　徐定芳　尧志　赵德君

1 : 3 500 000

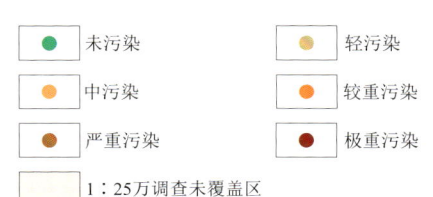

- 未污染
- 轻污染
- 中污染
- 较重污染
- 严重污染
- 极重污染
- 1 : 25万调查未覆盖区

　　浅层地下水严重污染和极重污染点占调查取样的44.6%。其中，湖南的严重污染和极重污染样品占评价样品总量的55.0%，湖北的严重污染和极重污染样品占评价样品总量的33.7%，江西严重污染和极重污染样品占评价样品总量的13.0%。区域地下水污染的主要原因是：工矿企业的"三废"排放，居民生活废水、垃圾。工业和生活污水在城乡结合部大量排放，对地下水产生点状、线状污染；生活垃圾场未采取防渗措施，使周围地下水污染；农业超量施用化肥和农药，造成片状地下水污染。

长江中游城市群平原浅层地下水三氮污染状况图

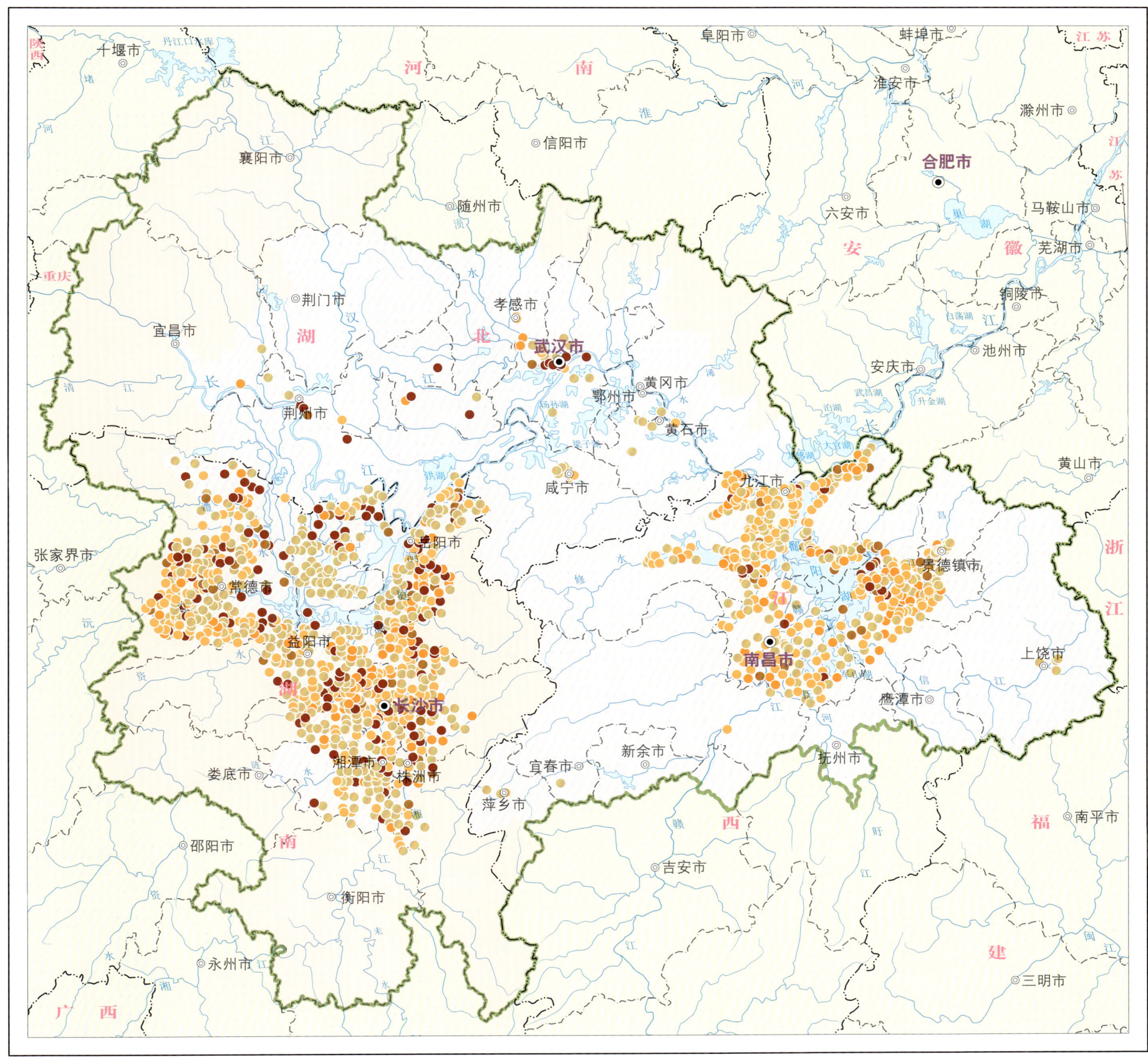

资料截至日期：2015年12月
资料来源：湖北省地质环境总站
　　　　　湖北省地质调查院
　　　　　江西省地质环境总站
　　　　　湖北省水文地质工程地质大队
编　图：肖尚德　徐定芳　尧志　赵德君

1:3 500 000

图例：轻污染　中污染　较重污染　严重污染　极重污染　1:25万调查未覆盖区

调查表明：地下水样品中的硝酸盐、亚硝酸盐和氨-氮等指标严重污染和极重污染样品占评价样品总量的14.5%，其中湖南、湖北、江西的严重污染和极重污染样品分别占评价样品总量的15.5%、19.0%和9.2%。"三氮"污染在农村呈点状分布，与农业生产施用化肥具有密切关系；城市区"三氮"污染主要是由城市及工矿企业污水无序排放引起。

长江中游城市群平原浅层地下水重金属污染状况图

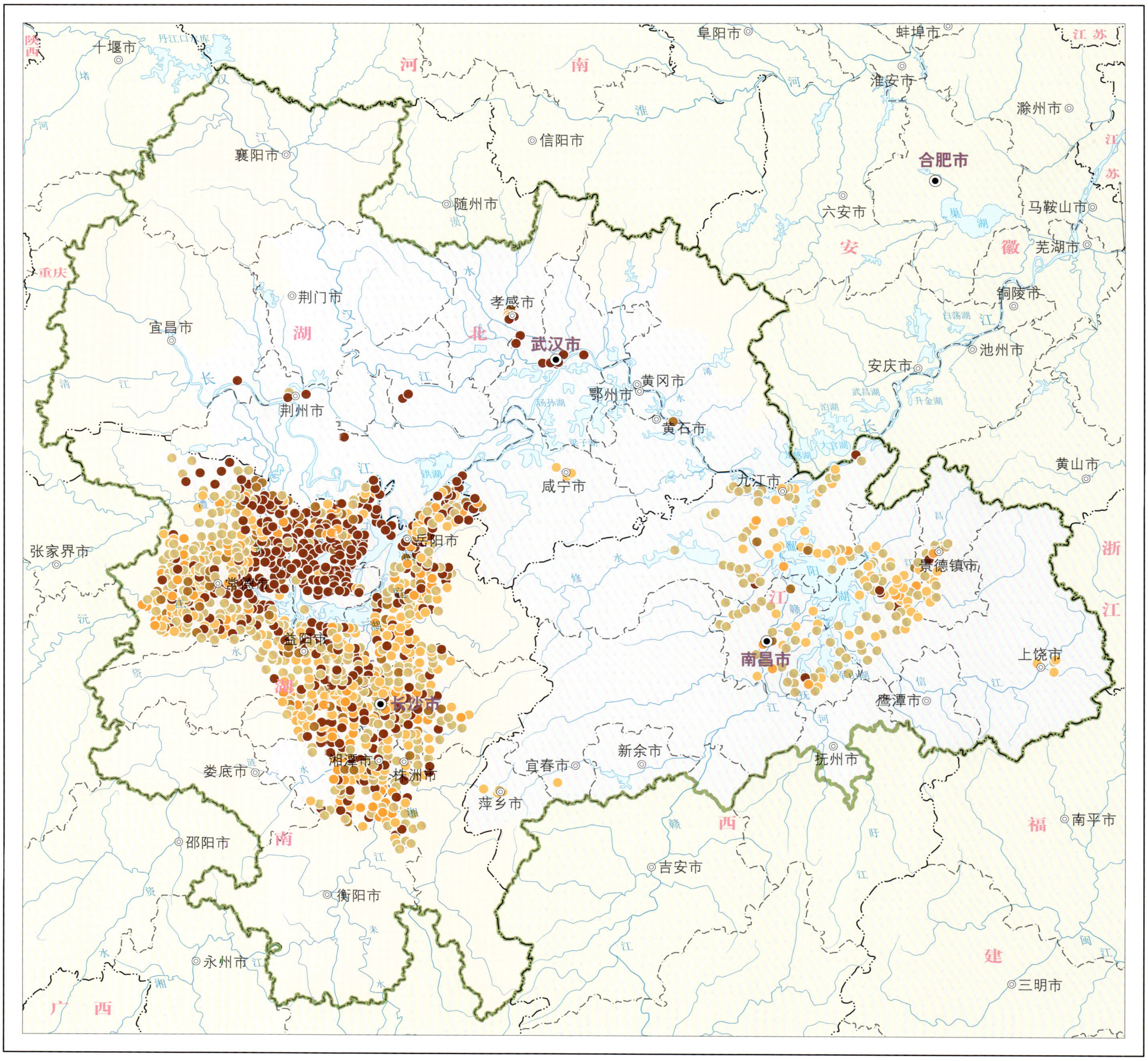

资料截至日期：2015年12月
资料来源：湖北省地质环境总站
　　　　　湖北省地质调查院
　　　　　江西省地质环境总站
　　　　　湖北省水文地质工程地质大队
编　　图：肖尚德　徐定芳　尧志　赵德君

1 : 3 500 000

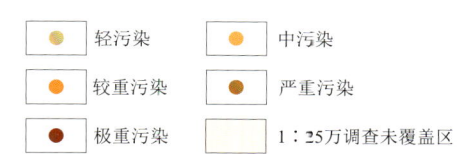

重金属严重污染和极重污染样品占样品总量的35.9%，湖南、湖北、江西的严重污染和极重污染样品分别占评价样品总量的43.7%、30.0%和3.0%，主要呈点状、线状分布，多集中在城市及工矿企业周围，特别是城市的污灌区附近。城市及工矿企业污水无序排放、垃圾管理不善、能源资源开发中非法排污是导致地下水重金属污染的重要原因。重金属中铁、锰含量超标在江汉-洞庭湖区和鄱阳湖平原区尤其突出，地下水铁、锰超标具有原生性特征。

5
长江中游城市群资源环境综合地质调查报告

长江中游城市群国土资源与环境地质图集

一、长江中游城市群资源环境概况

长江中游城市群水资源量为 $2590×10^8m^3$，水资源量总体充裕。耕地总面积 $10.3×10^4km^2$，占国土面积的34%，是我国重要的粮食主产区之一。矿产资源品种较全，磷、盐、钛、钒、铜、铁、稀土等50余种矿产资源储量居全国首列。已探明页岩气资源总量为 $16.1×10^{12}m^3$，地热资源94处，地热资源量 $10.25×10^{18}J$，浅层地温能可利用资源总量 $2810×10^8kW·h$，新型能源潜力大。森林资源面积 $13.9×10^4km^2$，河湖湿地面积 $2×10^4km^2$，生态资源丰富。

二、新型城镇化规划建议

《长江中游城市群发展规划》(简称《规划》)要求强化武汉、长沙、南昌的中心城市地位，合理控制人口规模和城镇建设用地面积，依托"两横三纵"重点发展轴线，带动周边城镇群协调互动发展，建设特色鲜明、布局合理、生态良好的现代产业密集带、新型城镇连绵带和生态文明示范带。

（1）城镇化水平整体偏低，发展不均衡；城市规划区可用于建设用地面积潜力大。

截至2014年，区内城镇化水平为55.5%，与全国城镇化率54.77%基本持平。2013年武汉、长沙和南昌等中心城市城镇化率分别为79.3%、70.6%和69.8%。黄冈、娄底、宜春的城镇化率分别42.1%、40.96%和43.3%，城镇化水平发展不均，城镇化率低于50%的有黄冈、娄底、常德、宜春等10个城市，占33.3%。据《规划》，至2020年，长江中游城市群城镇化水平将达到60%，这一目标远低于2013年珠三角的83.84%和长三角的71.5%城镇化水平，区内城镇化发展潜力仍有非常大的提升空间。

（2）水资源量充裕，地下水利用程度低，水资源保障能力强，可满足城市规划发展需求。

长江中游地区是我国水资源最丰富的区域之一，年均水资源量为 $2590×10^8km^3$，其中地表水资源量 $2570×10^8km^3$，地下水资源量 $627×10^8km^3$（含重复计算量），年用水总量为 $707×10^8km^3$，供水总体充裕。武汉、长沙、南昌等中心城市用水总量所占比分别为72%、26%、26%；上饶、鹰潭、景德镇、九江、萍乡、咸宁、宜春、宜昌、株洲、益阳、新余、娄底12个城市用水量占比不超过20%。

目前，区内共圈定应急（后备）水源地46处，可开采量 $139.88×10^4m^3/a$。其中，环鄱阳湖经济区10处，允许开采量 $39.53×10^4m^3/a$，可供水人数1976.5万人（按每人每天 $0.02m^3$）；武汉城市群14处，允许开采量 $37.45×10^4m^3/a$，可供水人数1760万人；长株潭城市群22处，允许开采量 $62.9×10^4m^3/a$，可供水人数3135万人。各应急水源地主要分布在人口较集中的大中城市及周边，为城市发展提供水资源保障（表1）。

（3）局部城镇规划建设区受不良地质环境问题制约，建议适当控制开发强度。

区内灾害类型以滑坡和岩溶塌陷为主。

滑坡灾害高易发区面积 $3×10^4km^2$，主要分布在幕府山—罗霄山区、鄂北大别山区等中低山区。中易发区面积 $5×10^4km^2$，主要分布在江西的修水—德安、萍乡—宜春—宜丰、景德镇—德兴—上饶，湖南的安化—桃江—韶山—湘乡，湖北的京山、大悟、罗田和英山、宜都和远安等低山和丘陵区。

岩溶塌陷高易发区面积 $4700km^2$，主要分布于武汉市、黄石—鄂州沿江地区、瑞昌—九江—彭泽沿江地区、萍乐凹陷带丰城—萍乡一带、湖南宁乡等地。中易发区面积 $1468km^2$，主要分布在湖北的咸宁—赤壁、湖南的韶山—岳麓山、浏阳、江西的新余—高安等地。

在上述地质灾害易发区进行城镇规划建设时，应严格控制城镇规模，加强重大隐患点治理或避让，加强防范和监测预警。

表1 长江中游城市群应急（后备）水源地

序号	省	地市	开采量（×$10^4m^3/a$）	应急人口（万人）
1	湖北省	荆门	0.55	25
2		宜昌	1.2	60
3		荆州	1.62	81
4		潜江	2.92	36
5		天门	1.45	72.5
6		仙桃	7.3	365
7		孝感	1.25	62.5
8		东西湖	3.99	199.5
9		汉口	5.42	271
10		黄陂	2.88	144
11		鄂州	0.52	26
12		黄冈	3.55	177.5
13		黄石	2.89	144.5
14		咸宁	1.91	95.5
15	江西省	南昌尤口	12	600
16		南昌谢埠	9	450
17		抚州	4.1	205
18		景德镇	2.7	135
19		九江	3.72	186
20		萍乡	1.62	81
21		上饶	2.27	113.5
22		新余	1.69	84.5
23		鹰潭	0.69	34.5
24		宜春	1.74	87
25	湖南省	铜官镇	4.14	207
26		望城—双江口	17.58	879
27		苏家托—捞湖围	1.95	97
28		崩坎—竹根坝	1.79	89
29		鸭子铺—马王堆	2.79	139
30		马坡岭	1.66	82
31		高塘至曙光	3.61	180
32		长沙河西	0.85	42
33		大托铺	2.05	102
34		田心桥	0.8	40
35		宁乡县	2.01	100
36		花明楼镇	2.66	133
37		坪塘矿区	1.73	86
38		湘潭市河西	10.65	532
39		荷塘—岳塘	1.07	53
40		双板桥—古塘桥	0.31	15
41		龙头铺—白石港	0.91	45
42		张家园	1.48	74
43		泉水窟—中路铺	1.7	84
44		董家塅—湾塘	1.18	58
45		雷打石—三门镇	1.56	77
46		渌口—泉塘坪	0.42	21

三、互联互通基础设施建设规划建议

（1）长江中游岸线总体稳定，局部存在崩岸和管涌隐患，建议继续加强荆州—簰洲湾、九江—彭泽等崩岸段工程治理。

长江中游干流两岸岸线长度2 031km，其中左岸线长1 008km，右岸线长1 023km。沿岸主要地质问题为崩岸和管涌。崩岸段主要分布在湖北枝城—簰洲湾段、江西九江—彭泽段。其中，枝城—簰洲湾岸线总长度538.7km，崩岸发育的长度达334.6km，占62%。崩岸段主要分布在荆州、沙市、江陵、石首、监利、洪湖等县市区境内；九江—彭泽段岸线长151.9km，几乎全线都发生过崩岸现象。管涌162处，主要分布在荆江大堤、洪湖、监利长江干堤和九江长江大堤。

根据崩岸、管涌和工程地质条件，对两岸岸堤进行稳定性评价。稳定段长607.5km，占岸线总长29.9%；较稳定段长695.2km，占岸线总长34.2%；不稳定段长728.4km，占岸线总长35.9%，主要分布在江洲乡—陆城、罗家洲—金口、荆州、八姓洲、莫家河—汉南等段。

目前，大部分崩岸段均已经过人工加固处理，岸线总体趋于稳定，但其地质条件仍然不能改变，为了进一步保障长江黄金水道航运安全，建议对荆江段、九江—彭泽段的崩岸和管涌，继续加强护坡和岸堤加固工程。

（2）沪昆、沪蓉、京广高铁、武九铁路沿线地质总体安全，应重点关注岩溶塌陷、软土分布等地质灾害隐患。

沪昆高铁长江中游城市群境内总里程长717km，地质安全地段长432km，占60.3%。但江西的樟树湾—萍乡段、湖南的湘潭—娄底段存在岩溶塌陷地质灾害隐患，其长度285km，占39.7%。沪蓉高铁在区内总里程510km，沿线地质安全较好地段长354km，占69.4%，但宜昌—野三关段存在崩滑流、岩溶塌陷地质灾害隐患，其长度46km，占9%；潜江—枝江段有软土分布，长度110km，占21.6%。京广高铁在区内总里程长728km，地质安全较好地段长548km，占75.3%，但武汉—赤壁段存在岩溶塌陷地质灾害隐患区，长度长180km，占24.7%。武汉—九江客运专线全长200km，途经瑞昌一带地壳不稳定区，且沿途80%的地段为强岩溶发育区。

高铁沿线城镇规划建设，应重点关注区内地面岩溶塌陷、滑坡崩塌泥石流和软土分布（表2）。

表2 区内高铁沿线地质灾害隐患分布

线路名称	主要隐患	分布地区	影响长度（km）
沪昆高铁	岩溶塌陷	樟树—萍乡、湘潭—娄底	285
沪蓉高铁	崩滑流灾害、岩溶塌陷	宜昌以西段	46
	软土分布	潜江—枝江	110
京广高铁	岩溶塌陷	武汉—临湘	180
武汉—九江客运专线	构造活动、岩溶塌陷	全路段	160

（3）能源管线沿途整体地质条件较好，局部地段存在软土分布、岩溶塌陷和采空塌陷及地壳不稳定区，建议加强地质安全论证工作。

长江中游城市群能源管网建设包括输油管道和天然气输送管线。区内能源网络建设总体工程地质条件较好，但不同地区存在不同的工程地质问题。江汉-洞庭湖平原区存在软土发育等不良地质体，株洲—新余段存在岩溶地面塌陷、采空区地面塌陷等环境地质问题等。黄冈—南昌段在江西瑞昌一带要十分关注岩溶地面塌陷。甚至于低烈度地震也往往成为岩溶地面塌陷的诱发因素，该区不宜设置大型储气设施或大型站点。

江西九江—湖北阳新一带位于郯庐断裂与襄广断裂结合部，中部幕阜山-武功山隆起带和东、西两侧北东向凹陷带边界附近，曾发生过5.0级以上地震20次。其中，5.7级以上破坏性地震3次，属于地壳不稳定区，面积300km²。建议途经该区的西气东输二线管道建设规划时，加强地质安全论证工作。

四、能源与矿产资源开发利用建议

（1）矿种多样，分布广，但部分规模小，富矿少，开采难度大，部分矿产资源枯竭，建议扩大勘探范围，加强大型矿产基地建设。

区内已发现各类矿产166种，主要分布在秦岭成矿带、桐柏-大别-苏鲁成矿带、长江中下游成矿带、龙门山-大巴山成矿带、上扬子中东部成矿带、江汉-洞庭成矿区、江南隆起西段成矿带、江南隆起东段成矿带、湘中成矿亚带、幕阜山-九华山成矿亚带、武功山-北武夷山成矿亚带和南岭成矿带中段北部12个成矿带。

截至2013年底，长江中游城市群保有资源储量在全国排位中，磷矿保有资源储量44.55×10^8t，占全国的21.66%，居全国之首，钛矿保有资源储量排名全国第四，钒矿保有资源储量位列全国第三。环鄱阳湖城市群探明的矿产保有资源储量居全国前十位的共有55种，其中铜、砂岩、白云岩等矿产为优势矿产。环长株潭城市群萤石、重晶石、长石、海泡石等储量均居全国第一位。

区内非油气类矿区1 254处，其中特大型1处，大型85处，中型212处，小型956处。但煤炭资源矿层薄、面广、质差；高磷赤铁矿、铝土矿、稀土矿、磷矿、硫铁矿等资源贫矿多、杂质含量高、开发利用难度大、成本高。黄石、大冶、冷水江、萍乡等12个城市主要矿产资源面临枯竭。

建议推进宜昌-襄阳磷矿、黄石-九瑞铁铜矿、德兴铜金矿、赣北钨矿、湘中金锑矿等优势产业基地建设；扶持并引导探、采选、冶新技术开发和应用，提高资源利用率；对矿产潜力区加大勘探经费投入，加大深部找矿，提高勘查精度，扩大勘查范围。

（2）常规能源储量少，自给能力有限，但新型能源储量大，开采程度不高，建议加强新能源开发利用，强化能源保障。

2013年，长江中游城市群能耗总量达到了4.5×10^{12}t标准煤，能源供给总量为4.3×10^{12}t标准煤，能源供给缺口逐渐扩大，中心城市供不应求的局面尤为突出。长江中游城市群能源储量少且自身能源供给十分有限。2013年煤炭自给率为21.4%；武汉城市圈石油自给率为3.6%、天然气自给率为

5.8%，环鄱阳湖经济区和环长株潭城市群石油与天然气完全依靠区外输入。严重制约了地方社会经济发展。

但是，新型能源储量大。已调查发现地热资源94处，地热资源量10.25×10^{18}J。武汉城市圈内38处，地热资源量为4.64×10^{18}J，主要分布在英山、罗田、咸宁、赤壁、大洪山、应城、京山、钟祥等地。环鄱阳湖城市群35处，地热资源量为1.05×10^{18}J，主要分布于九岭隆起、萍乐坳陷带、武功山坳陷和怀玉隆起地质构造带及鄱阳湖盆地周边。环长株潭城市群有21处，地热资源量为3.57×10^{18}J，主要分布在长沙、株洲、湘潭、岳阳、常德等市。目前仅有20处地热田进行了勘探开发和综合利用，剩余74处有待开发。已探明浅层地温能可利用资源总量$2\,810\times10^8$kW·h，相当于0.33×10^8t标准煤，其中，湖北、湖南和江西分别为0.17×10^8t标准煤、0.10×10^8t标准煤和0.06×10^8t标准煤。2014年底，长江中游已探明页岩气地质资源总量为16.1×10^{12}m³，其中，湖北、湖南和江西分别为8.7×10^{12}m³、5.7×10^{12}m³、1.7×10^{12}m³。

建议在加快能源储备基地和管线建设的同时，加强对页岩气、地热、浅层地温能等新能源的开发利用，优化能源供给体系，保障能源供给安全。

（3）矿山环境地质问题日益突出，建议加强矿山地质环境保护与修复，推进绿色矿山建设。

矿产资源的开发，给生态环境带来了一定影响。区内矿山地质环境影响严重区56处，面积5 000km²。主要分布于湖北远安和荆门等磷矿区、应城石膏矿区、黄石-大冶铁矿区；湖南澧县闸口-甘溪滩、宁乡煤炭坝、湘潭杨家桥、醴陵酒埠江等大中型煤矿区，江西萍乡-上栗煤矿区及东部景德镇、德兴市等矿山。影响较严重区65处，面积5 355km²。影响较严重区主要分布在赣西南的上栗——溪县，新余——南昌及上饶等地的金属、非金属及一些小型煤矿区。

建议规范矿山开采和矿区整合，加强矿山环境保护及修复治理，推进绿色矿山建设。

五、耕地资源保护与特色农业开发建议

（1）耕地总量大，优良级耕地占比高，分布集中，建议作为永久基本农田，予以严格保护。

长江中游城市群耕地总面积10.3×10^4km²，主要分布在江汉平原、洞庭湖平原、环鄱阳湖平原及其周缘地带，其中平原区耕地面积约8.4×10^4km²，平原周缘岗地耕地面积为1.9×10^4km²。肥力相对丰富且环境清洁的优质和良好级耕地分布面积6.97×10^4km²，占总耕地面积的67.7%，集中分布在江汉平原和鄱阳湖平原大部、洞庭湖平原的松虎平原、澧水下游、沅江下游，是我国重要的粮食主产区之一。

建议将优质耕地作为永久基本农田，划定红线，应予以严格保护。

（2）可利用富硒土地面积1.37×10^4km²，可利用其发展相关的特色富硒农业。

长江中游城市群表层土壤富硒面积2.90×10^4km²，其中，环境清洁可利用富硒土地面积为1.37×10^4km²（表3），主要分布于韶山、桃源、临澧、江汉平原、九江和鄱阳湖平原南部地区，其土地利用多为农耕区，可种植培育天然富硒农产品；部分为非农业耕地，建议调整土地利用或富硒土层异地利用。

表3 平原区可用富硒土壤资源分布面积统计表

序号	城市名称	可用富硒区（km²）
1	武汉	992.43
2	黄石	456.44
3	鄂州	184.67
4	黄冈	140.97
5	孝感	308.59
6	咸宁	467.84
7	仙桃	434.4
8	潜江	350.52
9	天门	436.47
10	襄阳	/
11	宜昌	89.35
12	荆州	896.88
13	荆门	723.65
14	长沙	539.86
15	株洲	16.91
16	湘潭	297.91
17	岳阳	279.37
18	益阳	609.09
19	常德	1675.35
20	衡阳	/
21	娄底	/
22	南昌	440.59
23	九江	447.36
24	景德镇	266.91
25	鹰潭	230.07
26	新余	0.11
27	宜春	1310.81
28	萍乡	/
29	上饶	1905.1
30	抚州	118.81
31	新干县	85.54

（3）受重金属污染耕地面积1.41×10^4km²，建议加强土地环境治理、调整种植结构或调整土地用途。

重金属轻度污染耕地面积1.36×10^4km²，主要分布在长株潭、武汉、黄冈、南昌、余干等大中型城市邻域或矿集区，该区土壤肥力相对丰富但环境受到一定程度污染，需注意土地环境治理。重度污染耕地面积516km²，主要分布在大冶、益阳、湘潭、株洲、上饶等矿集区。矿业活动导致上述地区土壤环境恶化，重金属Cd、Hg、Pb、As等有害元素超标严重，土地修复工作困难，建议调整种植结构或调整土地用途。

六、生态环境保护与生态屏障建设建议

长江中游城市群以国家和省级生态功能区为支撑点，以点状分布的禁止开发区域为重点，共同构建了长江中游城市群"环屏1带2区"为主体的生态保护发展格局。

（1）森林资源分布面积13.9×10^4km²，组成了环城市群的生态屏障和城市群生态"绿心"，是城市群绿色之"肺"。

长江中游城市群森林覆盖区总面积为13.9×10^4km²，森林覆盖率为44%。其中，鄂东北大别山区、赣东-赣东北山地、鄂西山地、雪峰山、南岭山地共同构成了环长江中游城市群森林生态屏障；幕府山-罗霄山构成森林生态"绿心"。森林生态保护区总面积5 318 km²，占森林面积的4%，其中，国家森林公园59个，面积3 490 km²；省级森林公园123个，面积1 828 km²。建议进一步实施森林生态系统修复工程，使森林覆盖率有一定增加。在森林非保护区内，控制一般性建设开发规模和强度。

（2）湖泊湿地2×10⁴ km²，构成了城市群绿色之"肾"，但保护程度偏低，退化严重，建议加强湖泊湿地保护和修复。

长江中游城市群内湖泊湿地面积为1.98×10⁴ km²，占区内总国土面积的6.56%，占全国湿地总面积的3.7%，集中分布在洞庭湖湖群、鄱阳湖湖群、江汉湖湖群以及长江干支流及其洪泛平原。以江汉-洞庭湖群和鄱阳湖流域为主的河湖湿地组成了长江中游城市群的2个生态保护区。区内包含有沉湖湿地、洪湖湿地、东洞庭湖湿地、西洞庭湖湿地、南洞庭湖湿地、鄱阳湖湿地6个国际重要湿地。截至2014年，已建立省级以上自然保护保护区（小区）、湿地公园等125个，保护面积1.19×10⁴ km²，受保护率60%。

由于围湖造地、泥沙淤积等原因造成了湖泊湿地面积大幅减小。20世纪50年代以来，洞庭湖、洪湖和鄱阳湖总面积由9 725 km²萎缩至7 261 km²，减少幅度达25.3%；同期，"千湖之省"湖北省100亩以上湖泊从1 332个锐减为728个，减幅达55%。

建议加强对现有湖泊湿地的保护，对退化的湖泊湿地进行修复，提升区域环境容量。

（3）地质遗迹分布广、类型多样，有较高的旅游与科研价值，建议加强开发和保护。

长江中游城市群内的主要地质遗迹类型多样，分布有丹霞地貌、第四纪冰川地貌与遗迹、中生代花岗岩地貌、完整的新元古代天然断面、罕见的变质核杂岩构造、蓝片岩带、典型的岩溶地貌等，具有极高的科研和观赏价值。目前，区内已建立省级以上保护区23处(表4)，保护区面积达8 554 km²，占区内国土面积2.7%；包括世界地质公园3处，分别为庐山世界地质公园、三清山世界地质公园和龙虎山世界地质公园。国家地质公园11处；省级地质公园9处。另有"金钉子"剖面2处，位于湖北宜昌王家湾和黄花场，是国际上研究奥陶纪地层的标准剖面，具有极大的科研意义。建议结合各类地质遗迹稀、奇、险等特点，加强旅游开发；同时，注重地质遗迹保护、科学研究和教育普及。

表4 长江中游城市群世界地质公园和国家地质公园表

序号	名 称	位 置	开发优势
1	庐山世界地质公园	九江市庐山区	第四纪冰川、地貌奇观
2	三清山世界地质公园	上饶市上饶县	花岗岩景观
3	江西龙虎山国家地质公园	鹰潭市贵溪市	丹霞地貌
4	江西武功山国家地质公园	萍乡市芦溪县	地貌奇观
5	湖北武汉木兰山国家地质公园	武汉市黄陂区	蓝片岩、红帘石
6	湖北五峰国家地质公园	宜昌市五峰县	岩溶峡谷
7	湖北长阳清江国家地质公园	宜昌市长阳县	清江、古人类遗址
8	湖南酒埠江国家地质公园	株洲市攸县	岩溶、生态环境
9	湖北浏阳大围山国家地质公园	长沙市浏阳市	第四纪冰川
10	湖南安化雪峰湖地质公园	益阳市安化县	南华纪冰川
11	湖北咸宁九宫山-温泉地质公园	咸宁市通山县	岩溶、温泉
12	湖北大别山国家地质公园	湖北省黄冈市	地貌多样、革命圣地岩溶地貌
13	湖南湄江国家地质公园	娄底冷水江市	岩溶地貌
14	长江三峡（湖北）国家地质公园	湖北省宜昌市	三峡工程

资料来源：

本报告主要基于区域1∶25万比例尺的水工环地质调查、矿产资源潜力评价、土地质量地球化学及少数1∶5万城市地质调查资料。调查结果客观反映了长江中游城市群区域水资源、土地资源、能源矿产资源、地质环境的现状，对各级政府宏观决策具有参考作用。

后 记

    为支撑服务长江中游城市群发展战略，国土资源部中国地质调查局系统梳理了以往的地质调查成果，对长江中游城市群资源环境优势条件和重大地质问题进行了研究，编制了本图集。图集的编写由中国地质调查局负责组织，技术牵头单位为中国地质调查局武汉地质调查中心，参加单位包括湖北省地质环境总站、湖北省地质调查院、湖南省地质调查院、江西省地质调查院、江西省地质环境监测总站、湖北省水文地质工程地质调查大队、中国地质环境监测院、中国地质科学院地质研究所等。